NÃO VIVA UMA MENTIRA

NÃO VIVA UMA MENTIRA

ROD DREHER

UM MANUAL PARA DISSIDENTES CRISTÃOS

ALTA BOOKS
GRUPO EDITORIAL
Rio de Janeiro, 2023

Não Viva Uma Mentira

Copyright © 2023 da Starlin Alta Editora e Consultoria Eireli.
ISBN: 978-65-5520-522-0

Translated from original Live Not By Lies. Copyright © 2020 by Rod Dreher. ISBN 9780593087398. This translation is published and sold by permission of Sentinel a division of Penguin Random House LLC, the owner of all rights to publish and sell the same. PORTUGUESE language edition published by Starlin Alta Editora e Consultoria Eireli, Copyright © 2023 by Starlin Alta Editora e Consultoria Eireli.

Impresso no Brasil — 1ª Edição, 2023 — Edição revisada conforme o Acordo Ortográfico da Língua Portuguesa de 2009.

Dados Internacionais de Catalogação na Publicação (CIP) de acordo com ISBD

D771n   Dreher, Rod
           Não viva uma mentira: um manual para dissidentes cristãos / Rod Dreher ; traduzido por Alberto Gassul. - Rio de Janeiro : Alta Books, 2023.
           256 p. ; 16cm x 23cm.

           Tradução de: Live Not By Lies.
           Inclui índice.
           ISBN: 978-65-5520-522-0

           1. Cristianismo. 2. Cristianismo e política. 3. Cristianismo e cultura. I. Gassul, Alberto. II. Título.

2022-2707   CDD 240
                                                              CDU 24

Elaborado por Odílio Hilario Moreira Junior - CRB-8/9949

Índice para catálogo sistemático:
1. Cristianismo 240
2. Cristianismo 24

Todos os direitos estão reservados e protegidos por Lei. Nenhuma parte deste livro, sem autorização prévia por escrito da editora, poderá ser reproduzida ou transmitida. A violação dos Direitos Autorais é crime estabelecido na Lei nº 9.610/98 e com punição de acordo com o artigo 184 do Código Penal.

A editora não se responsabiliza pelo conteúdo da obra, formulada exclusivamente pelo(s) autor(es).

Marcas Registradas: Todos os termos mencionados e reconhecidos como Marca Registrada e/ou Comercial são de responsabilidade de seus proprietários. A editora informa não estar associada a nenhum produto e/ou fornecedor apresentado no livro.

Erratas e arquivos de apoio: No site da editora relatamos, com a devida correção, qualquer erro encontrado em nossos livros, bem como disponibilizamos arquivos de apoio se aplicáveis à obra em questão.

Acesse o site www.altabooks.com.br e procure pelo título do livro desejado para ter acesso às erratas, aos arquivos de apoio e/ou a outros conteúdos aplicáveis à obra.

Suporte Técnico: A obra é comercializada na forma em que está, sem direito a suporte técnico ou orientação pessoal/exclusiva ao leitor.

A editora não se responsabiliza pela manutenção, atualização e idioma dos sites referidos pelos autores nesta obra.

Produção Editorial
Editora Alta Books

Diretor Editorial
Anderson Vieira
anderson.vieira@altabooks.com.br

Editor
José Ruggeri
j.ruggeri@altabooks.com.br

Gerência Comercial
Claudio Lima
claudio@altabooks.com.br

Gerência Marketing
Andréa Guatiello
andrea@altabooks.com.br

Coordenação Comercial
Thiago Biaggi

Coordenação de Eventos
Viviane Paiva
comercial@altabooks.com.br

Coordenação ADM/Finc.
Solange Souza

Coordenação Logística
Waldir Rodrigues
logistica@altabooks.com.br

Direitos Autorais
Raquel Porto
rights@altabooks.com.br

Produtor Editorial
Maria de Lourdes Borges

Produtores Editoriais
Illysabelle Trajano
Paulo Gomes
Thales Silva
Thiê Alves

Equipe Comercial
Adenir Gomes
Ana Carolina Marinho
Ana Claudia Lima
Daiana Costa
Everson Sete
Kaique Luiz
Luana Santos
Maira Conceição
Natasha Sales

Equipe Editorial
Andreza Moraes
Beatriz de Assis
Betânia Santos
Brenda Rodrigues
Caroline David
Gabriela Paiva
Henrique Waldez
Kelry Oliveira
Marcelli Ferreira
Mariana Portugal
Matheus Mello
Milena Soares

Marketing Editorial
Amanda Mucci
Guilherme Nunes
Livia Carvalho
Pedro Guimarães
Thiago Brito

Atuaram na edição desta obra:

Tradução
Alberto Gassul

Copidesque
Carolina Palha

Revisão Gramatical
Hellen Suzuki
Thaís Pol

Diagramação
Catia Soderi

Capa
Marcelli Ferreira

Editora afiliada à:

Rua Viúva Cláudio, 291 — Bairro Industrial do Jacaré
CEP: 20.970-031 — Rio de Janeiro (RJ)
Tels.: (21) 3278-8069 / 3278-8419
www.altabooks.com.br — altabooks@altabooks.com.br
Ouvidoria: ouvidoria@altabooks.com.br

À memória do
Padre Tomislav Kolakovic
(1906–1990)

AGRADECIMENTOS

Não me sinto na liberdade de agradecer a algumas pessoas que me ajudaram com a pesquisa deste livro, pois isso as colocaria em risco de retaliação em seus trabalhos. Nenhuma delas vive no antigo bloco soviético; são todas norte-americanas. Isso nos diz algo importante. Mas cada um de vocês sabe quem são, e agradeço a todos.

Este livro existe por causa do Dr. John Schirger e de sua mãe, Milada Kloubkova Schirger. Foi ela, ex-prisioneira católica de consciência em sua terra natal, a Tchecoslováquia, que disse a seu filho nascido no Ocidente, nos EUA, que estava vendo coisas acontecendo por aqui que a faziam se lembrar de sua própria terra sob o comunismo. O Dr. Schirger me repassou as observações de sua mãe em 2015, mas, naquela época, preferiu manter suas identidades anônimas. A história de sua mãe foi a gênese de *Não Viva uma Mentira*. Milada Schirger faleceu em 2019, aos 92 anos. Em gratidão por seu testemunho, seu filho me deu permissão para identificar os dois. Espero que este livro seja digno de seu legado.

Minhas amigas Béla e Gabriella Bollobás, que fugiram da Hungria em busca da liberdade na Grã-Bretanha na década de 1960, primeiro me confirmaram que eu deveria levar Milada Schirger a sério. Este livro também é delas. Sou grato por tudo o que aprendi com elas ao longo dos anos.

Quero agradecer aos intérpretes e aos guias que me ajudaram no exterior. O padre Stepan Smolen foi meu Virgílio na República Tcheca, com a ajuda de Milan Zonca e de Andrej Kutarna. Lukasz Kozuchowski foi meu braço direito na Varsóvia, assim como o foram Aneta Wisniewska e Wojciech Kolarski na entrevista com Romaszewska. Matthew Casserly me auxiliou em Moscou. Anna Salyi foi minha mediadora e intérprete em Budapeste. Viliam Ostatnik foi meu competente auxiliar na Bratislava.

Recebi outras ajudas inestimáveis ao realizar encontros com homens e mulheres notáveis. Na Rússia, eu não poderia ter feito esse trabalho sem a ajuda de Dmitry Uzlaner; não tenho palavras para lhe agradecer. Na Eslováquia, Juraj Sust e Timo Krizka me apresentaram ao mundo eslovaco da resistência católica. Ryszard Legutko e Dariusz Karlowicz foram essenciais para meu trabalho na Polônia. Na verdade, o grande livro de Ryszard, *The Demon in Democracy*, é um guia inestimável para a compreensão do totalitarismo brando de nosso tempo.

Mais uma vez, tenho a oportunidade de expressar minha gratidão ao meu agente literário, Gary Morris, da David Black Agency, que por quase duas décadas tem participado da minha vida, sendo tudo aquilo que um escritor pode esperar. Este é o segundo livro escrito com Bria Sandford, minha editora na Sentinel. Agradeço por sua confiança em mim e em minhas ideias. Também tenho uma dívida de gratidão com meu amigo Dewey Scandurro, por suas orações e conselhos no rascunho deste livro, algo que fez durante a escrita de quase todos os meus livros.

Agradeço também à minha esposa, Julie, e aos nossos filhos, Matthew, Lucas e Nora, pela paciência durante minhas longas ausências pesquisando para este livro. Crianças, estas histórias são para vocês e sua geração mais do que para a de sua mãe e minha.

Por fim, quero agradecer a Frederica Mathewes-Green, uma de minhas amigas mais antigas e queridas. Seu pai espiritual era o padre ortodoxo George Calciu, e foi por meio dela que vim a saber sobre ele e sobre o campo de tortura em Pitesti, na Romênia. Por mais de 25 anos, Frederica vem me apoiando com sua amizade, seus sábios conselhos e por estar disposta a me ouvir e a orar por mim em meio às minhas dificuldades, especialmente neste projeto.

Sumário

INTRODUÇÃO   13

PARTE I
Entendendo o Totalitarismo Brando

CAPÍTULO UM
Kolakovic, o Profeta   25

CAPÍTULO DOIS
Nossa Cultura Pré-totalitária   43

CAPÍTULO TRÊS
O Progressivismo Como Religião   69

CAPÍTULO QUATRO
Capitalismo, Desperto e Atento   91

PARTE DOIS
Como Viver em Verdade

CAPÍTULO CINCO
Não Valorize Nada Além da Verdade   121

CAPÍTULO SEIS
Cultive a Memória Cultural   135

CAPÍTULO SETE
As Famílias São Células de Resistência   153

CAPÍTULO OITO
Religião, a Base da Resistência   175

CAPÍTULO NOVE
Representando a Solidariedade   189

CAPÍTULO DEZ
A Dádiva do Sofrimento   207

CONCLUSÃO
Não Viva uma Mentira!   231

   Notas   239

   Índice   251

INTRODUÇÃO

> *"Sempre há esta crença falaciosa: 'Aqui, seria diferente; tais coisas são impossíveis aqui.' Lamentavelmente, todo o mal do século XX é possível em qualquer lugar da Terra."*
>
> **ALEXANDER SOLJENÍTSIN**[1]

Em 1989, o muro de Berlim caiu e, com ele, o totalitarismo soviético. Fora-se o Estado policial comunista que escravizara a Rússia e metade da Europa. A Guerra Fria que dominara a segunda metade do século XX viu seu encerramento. A democracia e o capitalismo despontaram nas nações até então cativas. A era do totalitarismo passara ao esquecimento, para nunca mais ameaçar a humanidade.

Pelo menos, é o que nos foi contado. Eu, como a maioria das pessoas do Ocidente, acreditava que a ameaça do totalitarismo passara. Então, na primavera de 2015, recebi um telefonema de um estranho que estava muito ansioso.

A ligação fora feita por um eminente físico norte-americano. Ele disse-me que sua mãe, já idosa, uma imigrante tcheca nos EUA, passara seis anos de sua juventude presa em sua terra natal. Havia participado da resistência católica anticomunista. Agora, na casa dos noventa e vivendo com o outro filho e com a família dele, a senhora havia contado recentemente ao filho norte-americano que os eventos atuais nos Estados Unidos a relembravam a chegada do comunismo na Tchecoslováquia.

O que causara sua preocupação? Notícias sobre um rebuliço nas redes sociais, que caíram em cima de uma pequena pizzaria em Indiana, EUA, cujos donos, cristãos evangélicos, disseram a um repórter que não prestariam seus serviços em um evento de casamento de pessoas do mesmo sexo. Tão avassaladoras foram as ameaças contra as vidas e a propriedade, incluindo um tuíte de uma pessoa instigando que a pizzaria fosse queimada, que os donos fecharam as portas do estabelecimento por um tempo. Enquanto isso, as elites liberais, sobretudo na mídia, normalmente tão atentas ao perigo das multidões que ameaçam as vidas e a subsistência das minorias, permaneceram imperturbáveis pelos ataques à pizzaria, que ocorreram no contexto de um debate mais amplo a respeito do conflito entre os direitos dos gays e da liberdade religiosa.

O acadêmico norte-americano disse que ouvira seus pais imigrantes o alertarem a respeito dos perigos do totalitarismo durante toda a sua vida. Nunca se preocupara — afinal, estava no Ocidente, na terra da liberdade, dos direitos individuais, nos EUA, uma nação protegida por Deus e com justiça para todos. Os EUA nasceram de uma busca pela liberdade religiosa e sempre se orgulharam da Primeira Emenda de sua Constituição, que a garantia. Mas, agora, havia algo nos acontecimentos em Indiana que os fizeram pensar: *Será que eles estavam certos?*

INTRODUÇÃO

É fácil achar que é tudo uma piada. Muitas pessoas que têm pais idosos estão acostumadas a ter que dar uma amenizada nas coisas, digamos assim, após algum telejornal lançar medo e ansiedade a respeito do mundo que está da porta para fora. Presumi que provavelmente era esse o caso com a senhora tcheca.

Porém, havia algo a mais na tensa voz daquele acadêmico, e o fato de que se sentiu forçado a entrar em contato com um jornalista que nem mesmo conhecia, dizendo-me que seria perigoso demais eu usar seu nome caso escrevesse sobre ele, que me abalou. A pergunta dele tornou-se a minha: *Será que a senhora tcheca está vendo algo que nós não estamos?* Será que realmente estamos testemunhando um retorno ao totalitarismo nas democracias liberais do Ocidente e não conseguimos enxergar isso, visto que ele está tomando uma forma diferente do antigo?

Ao longo dos anos seguintes, falei com muitas pessoas que viveram sob o comunismo. Perguntei a elas o que achavam da declaração daquela senhora. Será que também achavam que a vida caminhava rumo a algum tipo de totalitarismo?

Todas responderam que *sim* — geralmente de maneira enfática. Não raro ficavam surpresas com minha pergunta, pois consideram que os ocidentais são desesperadoramente ingênuos sobre o assunto. Nas longas conversas com alguns dos emigrantes que encontraram refúgio no Ocidente, descobri que estavam genuinamente bravos com seus novos conterrâneos, visto que não enxergavam o que estava acontecendo.

O que torna os acontecimentos no Ocidente similares àqueles dos quais fugiram? Afinal, todas as sociedades têm regras e tabus, além de mecanismos para assegurá-los. O que irrita aqueles que viveram sob o comunismo soviético são as seguintes semelhanças.

As elites e suas instituições estão abandonando o liberalismo à moda antiga, baseado na defesa dos direitos individuais, e estão substituindo-o por uma crença progressista que considera a justiça a partir da perspectiva de grupos. Tal crença encoraja as pessoas a se identificarem com grupos — étnicos, sexuais e de outros tipos — e pensar no Bem e no Mal como uma questão de dinâmica de poder entre eles. Uma visão utópica guia esses progressistas, visão essa que os impele a tentar reescrever a história e a reinventar os idiomas, de modo que reflitam seus ideais de justiça.

Além disso, esses progressistas utópicos estão mudando constantemente os padrões de pensamento, de fala e de comportamento. Nunca conseguimos saber com certeza quando aqueles que estão no poder virão atrás de nós, os vilões, por termos dito ou feito algo que estava perfeitamente bem no dia anterior. E as consequências pela violação dos novos tabus são extremas, incluindo a perda de sua subsistência e ter sua reputação arruinada para sempre.

As pessoas estão se tornando párias instantaneamente por terem expressado uma opinião política equivocada ou, de algum outro modo, por terem provocado uma multidão progressista, o que amplifica seus bodes expiatórios por meio das mídias social e convencional. Sob o disfarce da "diversidade", da "inclusão", da "igualdade" e de outros termos igualitários, a esquerda cria mecanismos poderosos de controle do pensamento e do discurso, marginalizando os dissidentes como sendo o mal.

É muito difícil para os ocidentais, que nunca viveram esse tipo de neblina ideológica, reconhecer o que está acontecendo. Certamente, seja o que for, não é uma cópia fiel da vida nas nações dos blocos soviéticos, com sua polícia secreta, seus gulags, sua rígida censura e suas privações materiais. É exatamente este o problema, aqueles emigrados alertam; o fato de que, comparada com as condições nos blocos soviéticos, a vida no Ocidente permanece tão livre e próspera que cega os ocidentais para a crescente ameaça à nossa liberdade. Isso e a forma pela qual aqueles que acabam com a liberdade estilizam o fato usando uma linguagem de libertação das vítimas da opressão.

"Nasci e cresci na União Soviética, e estou francamente chocado pela similaridade que esses eventos têm com a forma como a propaganda soviética operava", contou um professor, que hoje mora nos EUA.

Outro professor imigrante, este proveniente da Tchecoslováquia, foi igualmente direto. Contou-me que começou a notar uma mudança há cerca de dez anos, quando amigos baixavam a voz e olhavam ao redor quando expressavam suas opiniões conservadoras. Quando ele expressava suas crenças conservadoras em um tom normal de voz, seus colegas começavam a ficar nervosos e olhavam ao redor constantemente para ver se havia mais gente ouvindo.

"Cresci assim", afirmou ele, "mas não era para isso acontecer aqui".

O que *está* acontecendo aqui? Uma militância progressiva e profundamente anticristã cada vez mais domina a sociedade, militância esta descrita pelo papa Bento XVI como uma "ditadura mundial de ideologias aparentemente humanistas", que empurra seus dissidentes para as margens da sociedade. Bento XVI denominou isso como uma manifestação do "poder espiritual do Anticristo".[2] Tal poder espiritual assume uma forma física nos governos e nas instituições privadas, nas corporações, na academia e na mídia, e também nas práticas que estão sendo alteradas na vida ocidental. Ele foi empoderado por recursos tecnológicos sem precedentes para vigiar a vida privada. Basicamente, não há onde se esconder.

O totalitarismo antigo e rígido tinha uma visão para o mundo que exigia a erradicação do cristianismo. O novo totalitarismo, mais brando, faz isso também, e não estamos preparados para resistir a seu ataque sorrateiro.

Como sabemos, o comunismo foi uma militância ateia, que declarava a religião como seu inimigo mortal. Os soviéticos e seus aliados europeus assassinaram o clero e lançaram um número incontável de fiéis, tanto ordenados como leigos, às prisões e aos campos de concentração, onde muitos sofreram tortura.

Hoje? O mundo ocidental se tornou pós-cristão, com grandes números daqueles que nasceram após 1980 rejeitando a fé religiosa. Isso significa que não apenas se oporão aos cristãos quando defendermos nossos princípios — em especial, em defesa da família tradicional ou dos papéis dos sexos masculino e feminino e pela santidade da vida humana —, mas nem mesmo compreenderão por que deveriam tolerar os dissidentes no que tange à crença religiosa.

Não podemos esperar resistir à vinda do totalitarismo mais brando se não tivermos nossa vida espiritual em ordem. Essa é a mensagem de Alexander Soljenítsin, o grande dissidente anticomunista, ganhador do Nobel e cristão ortodoxo. Ele acreditava que a essência da crise que criou e manteve o comunismo não era política, mas espiritual.

Após a publicação de seu livro, *O Arquipélago Gulag*, que expôs a podridão do totalitarismo soviético e tornou Soljenítsin um herói mundial, Moscou por fim o expulsou para o Ocidente. Na véspera de seu exílio forçado, publicou uma mensagem final ao povo russo, com o título "Não Viva uma Mentira!". No texto, Soljenítsin desafiou a afirmação de que o sistema totalitário era tão poderoso que as pessoas comuns não conseguiriam mudá-lo.

INTRODUÇÃO

Besteira, disse ele. A base do totalitarismo é uma ideologia feita de mentiras. A existência do sistema depende do medo das pessoas de desafiar as mentiras. O escritor disse: "Nossa atitude deve ser: *Nunca aceite conscientemente as mentiras!*"[3] Talvez você não tenha a força para levantar-se em público e dizer o que realmente pensa, mas pode, pelo menos, recusar-se a afirmar aquilo em que *não* acredita. Pode ser que não consiga derrotar o totalitarismo, mas pode encontrar, dentro de si mesmo e de sua comunidade, maneiras pelas quais viver na dignidade da verdade. Se devemos viver sob uma ditadura de mentiras, afirmou o escritor, então nossa resposta deve ser: "Que suas regras não sejam mantidas *por mim*!"

O que significa para nós, hoje, não vivermos uma mentira? Essa é a pergunta que este livro explora, por meio de entrevistas e de testamentos deixados por cristãos (e por outros) de todo o bloco soviético, que viveram em meio ao totalitarismo e que compartilham a sabedoria que ganharam por meio daquela dura experiência.

A primeira parte deste livro argumenta que, a despeito de sua permissividade superficial, a democracia liberal está se degenerando em algo parecido com o totalitarismo sobre o qual ela triunfou na Guerra Fria. São exploradas as fontes do totalitarismo, revelando paralelos preocupantes entre a sociedade contemporânea e aquelas que deram origem a ele no século XX. Também serão analisados dois fatores em especial que definem o surgimento do totalitarismo brando: a ideologia da "justiça social", que domina a academia e outras grandes instituições, e a tecnologia de vigilância, que está em todo lugar, não por decreto governamental, mas por meio da persuasão do capitalismo de consumo. A primeira parte se encerra lançando um olhar sobre o papel essencial que os intelectuais desempenharam na Revolução Bolchevique, e por que não podemos nos dar ao luxo de acharmos graça dos excessos ideológicos de nossa própria *intelligentsia* politicamente correta.

A segunda parte analisa em grande profundidade as formas, os métodos e as fontes da resistência para abrandar as mentiras do totalitarismo. Por que a religião e a esperança por ela concedida são a essência da resistência efetiva? O que a disposição em sofrer tem a ver com viver a verdade? Por que a família é a célula mais importante de oposição? Como a comunhão da fé apresenta a resiliência em face à perseguição? Como podemos aprender a reconhecer as falsas mensagens do totalitarismo e a lutar contra seus enganos?

Como conseguiram? Como protegeram a si e a suas famílias? Como mantiveram sua fé, sua integridade e, até mesmo, sua sanidade? Por que estão tão temerosos com o futuro do Ocidente? Seremos capazes de ouvi-los ou continuaremos tranquilos e descansados sob a ilusão de que isso não pode acontecer aqui?

Uma imigrante soviética que dá aulas em uma universidade na região central dos EUA reforça a urgência de que os ocidentais levem pessoas iguais a ela a sério.

"Não é possível prever o que será colocado contra você amanhã", adverte ela. "Não fazemos ideia de qual coisa considerada completamente normal hoje, seja feita, seja dita, será usada contra nós para nos destruir. Foi isso que as pessoas viram na União Soviética. Sabemos como isso funciona."

Por outro lado, meu amigo imigrante tcheco aconselhou-me a não perder meu tempo escrevendo este livro.

"As pessoas terão primeiramente que viver isso para que compreendam", disse ele, cético. "Sempre que tento explicar os eventos atuais e seus significados para meus amigos ou conhecidos, deparo-me com olhares vazios ou com totais disparates."

Talvez esteja certo. Porém, pelo bem dos filhos dele e dos meus, escrevi este livro para provar que está errado.

PARTE I

Entendendo o Totalitarismo Brando

CAPÍTULO UM

Kolakovic, o Profeta

À s vezes, um estranho que enxerga mais profundamente e mais longe do que a multidão aparece para alertar sobre os problemas vindouros. Essas histórias geralmente acabam com as pessoas desacreditando o profeta e sofrendo por sua cegueira. Aqui, porém, está um conto sobre um povo que ouviu os avisos do profeta, fez o que ele aconselhou e estava, portanto, pronto quando a crise chegou.

Em 1943, um padre jesuíta e ativista antifascista chamado Tomislav Poglajen fugiu de seu país, a Croácia, um passo à frente da Gestapo, e se estabeleceu na Tchecoslováquia. Para esconder-se dos nazistas, adotou o nome eslovaco de sua mãe — Kolakovic — e começou a trabalhar como professor na Bratislava, capital da Eslováquia, que se tornara um Estado vassalo independente de Hitler. O padre, com 37 anos e portando um tufo de cabelos prematuramente brancos, passara seu treinamento sacerdotal estudando na União Soviética. Acreditava que a derrota do totalitarismo nazista ocasionaria um grande conflito entre o totalitarismo soviético e o Ocidente liberal democrático. Embora o padre Kolakovic se preocupasse com as ameaças à vida e com o testemunho dos cristãos do rico e materialista Ocidente, estava muito mais preocupado com os perigos do comunismo, o qual corretamente via como uma ideologia imperialista.

Quando o padre Kolakovic chegou a Bratislava, ficou claro que o Exército Vermelho derrotaria os alemães do Leste. De fato, em 1944, o governo tcheco, em exílio — que também representava eslovacos que se recusaram a aceitar o Estado eslovaco nominalmente independente —, fez um acordo formal com Stalin, garantindo que, após a expulsão dos nazistas, os soviéticos dariam a liberdade à nação.

Visto que entendia como os soviéticos pensavam, o padre Kolakovic sabia que aquilo era uma mentira. Ele alertou os católicos eslovacos que, quando a guerra acabasse, a Tchecoslováquia seguiria a regra de um governo marionete dos soviéticos. Dedicou-se a prepará-los para a perseguição.

Os Desprevenidos Cristãos da Eslováquia

O padre Kolakovic sabia que o clericalismo e a passividade do catolicismo tradicional eslovaco não seriam páreo para o comunismo. Primeiro, ele previu corretamente que os comunistas tentariam controlar a Igreja subjugando o clero. Segundo, compreendeu que as provas espirituais que aguardavam os fiéis sob o comunismo os testariam ao extremo. O carismático pastor pregou que apenas uma vida de total entrega a Cristo os permitiria superar as provações por vir.

"Entregue-se totalmente a Cristo, lance todos os seus desejos e preocupações sobre Ele, pois tem ombros largos, e vocês testemunharão milagres", disse o padre, de acordo com as memórias de um discípulo.[1]

Entregar-se completamente a Cristo não era uma abstração ou um pensamento piedoso. Deveria ser algo concreto e coletivo. A destruição total causada pela Primeira Guerra Mundial abriu os olhos de católicos mais jovens para a necessidade de uma nova evangelização. Um padre belga chamado Joseph Cardijn, cujo pai morrera em um acidente em uma mina, começou um movimento leigo para fazer isso em meio à classe trabalhadora. Eles eram a Juventude Operária Católica, chamados de "jocistas" por causa das iniciais do nome em francês. Inspirado pelo exemplo jocista, o padre Kolakovic adaptou-o às necessidades da Igreja Católica na Eslováquia, ocupada pelos alemães. Passou a estabelecer células de jovens fiéis católicos que se juntavam para orar, para estudar e para estar em comunhão.

O padre refugiado ensinou aos jovens fiéis eslovacos que cada pessoa deve ser responsável por suas ações perante Deus. Liberdade é responsabilidade, destacava ele, é um meio para vivermos em verdade. O lema dos jocistas tornou-se o lema do que o padre Kolakovic chamava de sua "Família": *Veja. Julgue. Aja. Ver* significava estar atento às realidades ao redor. *Julgar* era um comando para discernir com sobriedade o significado daquelas realidades, sob a luz do que se sabia ser verdadeiro, especialmente a partir dos ensinamentos da fé cristã. Após chegar a uma conclusão, era então necessário *agir* para resistir ao mal.

Václav Vaško, seguidor de Kolakovic, recordou posteriormente em sua vida que o ministério de Kolakovic animava muitos jovens católicos porque energizava os leigos, dando-lhes um sentido de responsabilidade de liderança.

"É impressionante como Kolakovic teve um sucesso praticamente instantâneo na criação de uma comunidade de confiança e de amizade mútua, partindo de um grupo diverso de pessoas (padres, religiosos e leigos de diferentes idades, educações e maturidades espirituais)", escreveu Vaško.

Os grupos da Família inicialmente juntavam-se para estudar a Bíblia e orar, mas não demorou até começarem a ouvir os ensinamentos do padre Kolakovic sobre filosofia, sociologia e tópicos intelectuais. Ele também treinou seus jovens seguidores sobre como trabalhar secretamente e aguentar os interrogatórios que dizia estar seguro de que aconteceriam.

A Família expandiu seus pequenos grupos rapidamente pela nação. "No fim do ano letivo de 1944", contou Vasko, "teria sido difícil encontrar um corpo docente ou uma escola de Ensino Médio em Bratislava ou em cidades maiores nas quais nossos círculos não atuavam".

Em 1946, as autoridades tchecas deportaram o padre ativista. Dois anos depois, os comunistas tomaram o poder por completo, exatamente como o padre Kolakovic predissera. Dentro de vários anos, quase toda a Família fora aprisionada, e a igreja institucional da Tchecoslováquia, brutalizada em submissão. Mas, quando os membros da Família saíram das prisões, na década de 1960, começaram a fazer o que seu pai espiritual lhes tinha ensinado. Os dois principais sargentos do padre Kolakovic — o físico Silvester Krcmery e o padre Vladimir Jukl — silenciosamente estabeleceram círculos cristãos ao redor do país e começaram a construir uma igreja clandestina.

A igreja clandestina, liderada pelos filhos e netos espirituais do visionário clérigo, tornou-se a principal referência para os dissidentes anticomunistas durante os quarenta anos seguintes. Foram eles que organizaram o grande protesto público em 1988 na Bratislava, capital da Eslováquia, exigindo a liberdade religiosa. A "Manifestação das Velas" foi o primeiro grande protesto contra o Estado, dando início à Revolução do Veludo, que derrubou o regime comunista um ano depois. Embora os cristãos eslovacos estivessem entre os que foram mais perseguidos no bloco soviético, a Igreja Católica de lá manteve-se resistente, porque um homem previu o que aconteceria e preparou seu povo.

O Novo Totalitarismo

Como Kolakovic sabia o que estava prestes a acontecer com as pessoas da Europa Central? Ele não tinha dons sobrenaturais; pelo menos, nenhum que conheçamos. Pelo contrário, estudou intensamente o comunismo soviético para se preparar para o trabalho missionário na Rússia, e compreendeu como os soviéticos pensavam e se comportavam. Conseguia ler os sinais dos tempos geopolíticos. E, como um padre que vinha organizando a resistência católica contra a versão nazista do totalitarismo, tinha experiência prática com o combate clandestino da monstruosa ideologia.

Hoje, os sobreviventes do comunismo soviético são, de sua forma, nossos próprios Kolakovices, alertando-nos sobre um totalitarismo vindouro — uma forma de governo que combina autoritarismo com uma ideologia que busca controlar todos os aspectos da vida. Esse totalitarismo não será como foi o da URSS. Não se estabelecerá por meios explícitos como a revolução armada nem será posto em execução com os gulags. Pelo contrário, ele exercerá controle, pelo menos inicialmente, em termos brandos. Tal totalitarismo é terapêutico. Ele mascara seu ódio pelos dissidentes de sua ideologia utópica no disfarce da ajuda e da cura.

Para compreender a ameaça do totalitarismo, é importante entender a diferença entre ele e o autoritarismo simples. Autoritarismo é o que temos quando o Estado monopoliza o controle político. É uma mera ditadura — certamente, ruim, mas o totalitarismo é muito pior. De acordo com Hannah Arendt, a acadêmica mais importante sobre o totalitarismo, uma sociedade totalitária é aquela em que uma ideologia busca tirar todas as tradições e instituições anteriores, com o objetivo de colocar todos os aspectos da sociedade sob o controle de tal ideologia. Um Estado totalitário é aquele que aspira a nada menos do que definir e controlar a realidade. A verdade é qualquer coisa que os soberanos decidirem. Como Arendt escreveu, em todos os lugares em que o totalitarismo dominou, "ele começou a destruir a essência do ser humano".[2]

Como parte de sua busca para definir a realidade, um Estado totalitário procura não apenas controlar suas ações, mas também seus pensamentos e emoções. O sujeito ideal de um Estado totalitário é alguém que aprendeu a amar o Grande Irmão, o Big Brother.

Voltando à era soviética, o totalitarismo exigia amor pelo Partido, e o cumprimento das demandas do Partido era executado pelo Estado. O totalitarismo atual exige lealdade a um conjunto de crenças progressistas, muitas das quais são incompatíveis com a lógica — e, certamente, com o cristianismo. O cumprimento é forçado menos pelo Estado do que pelas elites que formam a opinião pública e pelas corporações privadas, que, graças à tecnologia, controlam nossas vidas muito mais do que gostaríamos de admitir.

Muitos conservadores hoje em dia não conseguem captar a gravidade dessa ameaça, desconsiderando-a por ser apenas o "politicamente correto" — um termo pejorativo com referência à consciência social e política dita *wokeness* de uma geração anterior. É fácil não levarmos a sério pessoas como o ex-professor soviético por considerá-las histéricas, se pensarmos sobre o que está acontecendo hoje em dia como nada além do retorno das doidices da esquerda nas universidades da década de 1990. Então, a resposta-padrão dos conservadores era desdenhosa. *Espere até que esses pirralhos saiam para o mundo real e tentem conseguir um emprego.*

Bem, eles conseguiram — e levaram as universidades para as corporações ocidentais, para as profissões de médicos e advogados, para a mídia, para as escolas de Ensino Fundamental e Médio e para outras instituições da vida ocidental. Nessa revolução cultural, intensificada na primavera e no verão de 2020, estão tentando transformar todo o Ocidente em um *campus* universitário com engajamento social e político [*woke*].

Hoje, em nossas sociedades, os dissidentes do partido do "woke" têm suas empresas, carreiras e reputações destruídas. São expulsos de cena, estigmatizados, cancelados e até demonizados como sendo racistas, sexistas, homofóbicos e assim por diante. E têm medo de resistir, porque estão certos de que ninguém se juntará a eles ou os protegerá.

A Suavidade do Totalitarismo Brando

É possível não perceber o massacre causado pelo totalitarismo, precisamente porque temos uma percepção errada de como seu poder funciona. Em 1951, o poeta e crítico literário polonês Czeslaw Milosz, exilado no Ocidente e dissidente anticomunista, escreveu que os ocidentais não entendem a natureza do comunismo porque pensam nele apenas em termos de "poder e coerção".

"Está errado", escreveu ele. "Há um anseio interno por harmonia e por felicidade que reside mais profundamente do que o medo comum ou o desejo de escapar da miséria ou da destruição física."[3]

No livro *Mente Cativa*, Milosz disse que a ideologia comunista preencheu um vazio que fora aberto nas vidas dos intelectuais do século XX, a maioria dos quais parou de crer na religião.

O totalitarismo da esquerda atual apela mais uma vez para um anseio interno, especificamente para o desejo por uma sociedade justa, que vindique e liberte as vítimas históricas da opressão. Ele se disfarça de bondoso, demonizando os dissidentes e os grupos demograficamente desfavorecidos para proteger o sentimento das "vítimas" e para causar a "justiça social".

O culto contemporâneo da justiça social identifica os membros de determinados grupos sociais como vitimizantes, ou bodes expiatórios, e exige sua supressão como uma questão de justiça. Dessa forma, os denominados Guerreiros da Justiça Social, que começaram como liberais animados por uma compaixão urgente, acabam abandonando o liberalismo autêntico e abraçando uma política agressiva e punitiva que faz eco ao bolchevismo, como o estilo de comunismo soviético foi inicialmente chamado.

Na virada do século XXI, o crítico cultural René Girard alertou, proficamente: "O processo atual de demagogia espiritual e de retórica exagerada transformou a preocupação com as vítimas em um comando totalitário e em uma inquisição permanente."[4]

É isto que os sobreviventes do comunismo estão nos dizendo: que o cuidado admirável do liberalismo com os fracos e com os marginalizados está se tornando rapidamente uma ideologia monstro, que, se não for parada, transformará a democracia liberal em uma forma mais branda e terapêutica de totalitarismo.

O Terapêutico como o Modo Pós-moderno de Existência

O totalitarismo brando explora a preferência decadente do homem moderno por prazeres pessoais em detrimento dos princípios, incluindo as liberdades políticas. O público apoiará — ou pelo menos não se oporá — a vinda do totalitarismo brando, não porque tema a imposição de cruéis punições, mas porque fica satisfeito com o conforto hedonista. Não foi o romance *1984* que previu o que estava por vir, mas o livro de Aldous Huxley, *Admirável Mundo Novo*. O crítico social contemporâneo James Poulos denomina isso de "Estado Policial Rosa": um arranjo informal no qual as pessoas entregam seus direitos políticos em troca de garantias por prazeres pessoais.

O totalitarismo brando, como veremos em um capítulo posterior, faz uso de tecnologias avançadas de vigilância não impostas (ainda) pelo Estado, mas bem recebidas pelos consumidores como auxílios à conveniência de seus estilos de vida —, e, no ambiente pós-pandemia, provavelmente necessárias para a saúde pública. É difícil ficarmos exaltados com o Big Brother quando já nos acostumamos com o Big Data monitorando de perto nossa vida particular por meio de aplicativos, cartões de crédito e dispositivos inteligentes, que facilitam tanto a vida e a deixam mais prazerosa. Na distopia ficcional de Orwell, o Estado instalou "teletelas" nas casas das pessoas para monitorar suas vidas particulares. Hoje, instalamos dispositivos inteligentes em nossos lares para aumentar nossa sensação de bem-estar.

Como a maximização de um sentimento de bem-estar se tornou o principal objetivo das pessoas e das sociedades modernas? O sociólogo e crítico cultural norte-americano Philip Rieff não era religioso, mas poucos profetas escreveram de forma mais contundente sobre a natureza da revolução cultural que tomou conta do Ocidente no século XX e que define a essência do totalitarismo brando.

Em seu livro histórico *O Triunfo da Terapêutica*, escrito em 1966, Rieff disse que a morte de Deus no Ocidente deu origem a uma nova civilização, devotada à liberação do indivíduo para que busque seus próprios prazeres, e para lidar com ansiedades emergentes. O Homem Religioso, que vivia de acordo com a crença em princípios transcendentais que organizavam a vida humana em torno de propósitos comuns, deu lugar ao Homem Psicológico, que acredita que não há uma ordem transcendental e que o propósito da vida é encontrar seu próprio caminho por meio de experimentações. O homem não compreende mais a si como um peregrino em uma jornada de significado com os outros, mas como um turista que viaja pela vida de acordo com um itinerário feito por ele mesmo, tendo a felicidade pessoal como objetivo máximo.

Essa foi uma revolução ainda mais radical do que o evento bolchevista de 1917, declarou Rieff. Pela primeira vez, a humanidade buscava criar uma civilização baseada na negação de qualquer ordem transcendente vinculativa. Os bolcheviques podem ter eliminado Deus, mas, ainda assim, acreditavam que havia uma ordem metafísica que exigia que as pessoas subordinassem seus desejos pessoais a uma causa maior. Quase 25 anos antes da queda do Muro de Berlim, Rieff previu que o comunismo não conseguiria sobreviver à revolução cultural proveniente do Ocidente, que supostamente libertava a pessoa para buscar o hedonismo e o individualismo. Se não há uma ordem sagrada, então a promessa original da serpente no Jardim do Éden — "Sereis como Deus" — é o princípio fundamental da nova cultura.

Rieff viu, contudo, que não seria possível haver cultura sem o culto — quer dizer, sem a crença compartilhada em uma ordem sagrada e sem a submissão a ela, o que vemos em uma "anticultura". Uma anticultura é inerentemente instável, disse Rieff, mas ele duvidava de que as pessoas que cresceram nessa ordem social um dia estariam dispostas a retornar aos antigos caminhos.

Até mesmo os líderes da Igreja, escreveu ele, estavam mentindo para si mesmos sobre a habilidade das instituições que lideravam em resistir à terapêutica. Rieff previu o futuro da religião como uma devolução a uma espiritualidade dissolvida, que acomodaria qualquer coisa. Ele viveu o suficiente para ver sua previsão de 1966 tornar-se realidade. Em 2005, os sociólogos da religião Christian Smith e Melinda Lundquist Denton cunharam a expressão "Deísmo Moralista Terapêutico" para descrever a forma decadente que o cristianismo (e todas as fés, na verdade) assumira no Ocidente contemporâneo. Ela consistia em uma crença geral de que Deus existe e não exige de nós nada além de sermos bons e felizes.

Na cultura terapêutica, que triunfou em todos os lugares, o grande pecado é obstruir a liberdade dos outros, de modo que não alcancem a felicidade da maneira que quiserem. Isso anda de mãos dadas com a Revolução Sexual, que, com as políticas étnicas e de igualdade de gênero, substituiu a luta fracassada da classe econômica como foco utópico da esquerda radical após a década de 1960. Tais revolucionários culturais encontraram um aliado no capitalismo avançado, que ensina que não deveria existir nada fora do mecanismo do mercado e seus conceitos de valor de acordo com os desejos humanos.

A Guerra Fria e a Guerra Cultural levaram muitos conservadores brancos cristãos nos EUA a se identificarem com o Partido Republicano e com a economia do livre mercado como consonantes com a moralidade cristã. O relativismo revestido no dogma do livre mercado colaborou com a absorção do etos terapêutico pela direita religiosa. Afinal, se a verdadeira liberdade é definida como liberdade de escolha, em contraste com o conceito clássico de escolha da virtude, então a porta está escancarada para reformar a religião nos moldes terapêuticos, com seu centro em torno da experiência do consumidor. É por isso que tantos conservadores cristãos não viram e ainda não conseguem explicar as contínuas vitórias do transgenerismo na guerra cultural. O fenômeno transgênero, que requer uma afirmação psicológica em detrimento da realidade biológica, é a culminação lógica de um processo que começou séculos atrás.

A resistência cristã, em grande escala resistente à anticultura, tem sido infrutífera e provavelmente continuará sendo até onde é possível prever o futuro. Por quê? Porque o espírito da terapêutica conquistou todas as igrejas também — mesmo aquelas cheias de cristãos que se denominam conservadores. Relativamente poucos cristãos contemporâneos estão preparados para sofrer pela fé, porque a sociedade terapêutica que os formou nega o propósito do sofrimento, para começar, e a ideia de suportar dor por causa da verdade parece ridícula.

Ketman e a Pílula de Murti-Bing

É difícil para as pessoas que cresceram em um mundo livre captarem a amplitude e a profundidade das mentiras necessárias apenas para existir sob o comunismo. Todas as mentiras, e as mentiras sobre as mentiras, que formaram a ordem comunista foram criadas com base na seguinte mentira fundamental: que o Estado comunista era a única fonte de verdade. Orwell disse em *1984*: "O Partido dizia-lhe para rejeitar as provas materiais que seus olhos e ouvidos lhe ofereciam. Essa era sua instrução final, a mais essencial de todas."[5]

Sob a ditadura do Big Brother, o Partido entende que, ao alterar a linguagem — Novafala é a palavra do Partido para o jargão imposto na sociedade —, ele controla as categorias que estruturam o pensamento das pessoas. "Liberdade" é escravidão, "verdade" é falsidade, e assim por diante. Duplipensamento — "o poder de sustentar duas crenças contraditórias na mente simultaneamente, aceitando as duas" — é como as pessoas aprendem a submeter suas mentes à ideologia do Partido. Se o Partido diz que 2 + 2 = 5, então 2 + 2 = 5. O objetivo é convencer a pessoa de que toda a verdade existe dentro da mente, e a mente corretamente controlada acredita em qualquer coisa que o Partido disser que é verdade.

Orwell escreveu:

> Era como se alguma força monumental exercesse pressão sobre você — uma coisa que invadia seu crânio, golpeava seu cérebro, aterrorizava-o a ponto de fazê-lo abandonar suas crenças, quase convencendo-o a rechaçar as provas que seus sentidos lhe forneciam. No fim, o Partido haveria de anunciar que dois mais dois são cinco, e você seria obrigado a acreditar. Era inevitável que mais cedo ou mais tarde o Partido fizesse tal afirmação: a lógica de sua posição o exigia. Além da validade da experiência, a própria existência da realidade externa era tacitamente negada por sua filosofia. A heresia das heresias era o bom senso.[6]

Agora, não temos um Estado todo-poderoso nos forçando isso. Essa ditadura é muito mais sutil. Sob o totalitarismo brando, a mídia, a academia, o Ocidente corporativo e outras instituições praticam a Novafala e convencem os demais a se engajarem no duplipensamento diariamente. Os homens menstruam. A mulher à sua frente deve ser chamada de "ele". Diversidade e inclusão significam excluir aqueles que se opõem à uniformidade ideológica. Igualdade significa tratar as pessoas de forma desigual, independentemente de suas habilidades e conquistas, para chegar a um resultado ideologicamente correto.

Atualizando uma frase de Orwell para nossa própria situação: "O Partido da Diversidade, Igualdade e Inclusão dizia-lhe para rejeitar as provas materiais que seus olhos e ouvidos lhe ofereciam. Essa era sua instrução final, a mais essencial de todas."

Muitos cristãos perceberão essas mentiras hoje, mas escolherão não se manifestar. Seu silêncio não os salvará, mas os corroerá, de acordo com Milosz.

Em seus escritos sobre o aspecto insidioso do comunismo, Milosz fez referência a um romance de 1932, *Insaciabilidade*. Nele, o escritor polonês Stanislaw Witkiewicz escreveu sobre uma distopia em um futuro então próximo no qual as pessoas estariam culturalmente esgotadas e cairiam em decadência. Um exército mongol do Oriente ameaçava invadi-los.

Como parte do plano para dominar a nação, as pessoas começaram a encher as ruas vendendo "a pílula de Murti-Bing", que leva o nome de um filósofo mongol que descobriu uma forma de incorporar sua filosofia "não se preocupe, seja feliz" em um tablete. Aqueles que tomaram a pílula de Murti-Bing pararam de se preocupar com a vida, muito embora as coisas estivessem indo de mal a pior a seu redor. Quando o exército oriental chegou, eles se entregaram facilmente, aliviados por terem encontrado a salvação de suas tensões e de seus conflitos internos.

Só que a paz não foi duradoura. "Porém, como não conseguiam se livrar totalmente de suas antigas personalidades", escreve Milosz, "eles se tornaram esquizofrênicos".[7]

O que fazer quando acabar o efeito da pílula de Murti-Bing e você se vir vivendo sob uma ditadura de mentiras oficiais, na qual qualquer um que contradiz a linha do partido acaba na prisão?

Você se torna um ator, responde Milosz. Aprende a prática de *ketman*. Essa é uma palavra persa para a prática de manter uma aparência externa da ortodoxia islâmica, enquanto internamente é um dissidente. *Ketman* foi a estratégia que todos aqueles que não eram crentes verdadeiros no comunismo tiveram que adotar para ficar longe de problemas. É uma forma de autodefesa mental.

Qual é a diferença entre *ketman* e a boa e velha hipocrisia? Como Milosz explica, estar "acionado" o tempo todo inevitavelmente muda uma pessoa. Um ator que fica no seu papel 24 horas por dia mais cedo ou mais tarde se torna o personagem vivenciado. *Ketman* é pior que a hipocrisia, porque vivê-lo o tempo todo corrompe seu caráter e, consequentemente, tudo na sociedade.

Milosz identificou oito tipos de *ketman* no comunismo. Por exemplo, o *"ketman* profissional" acontece quando você se convence de que não tem problema viver uma mentira no trabalho, porque é o que tem que fazer para ter a liberdade de fazer um bom trabalho. O *"ketman* metafísico" é a forma mais profunda da estratégia, uma defesa contra a "degradação total". Consiste em convencer a si mesmo de que realmente é possível ser um oponente leal do novo regime, ao mesmo tempo em que trabalha com ele. Os cristãos que contribuíram para os regimes comunistas foram culpados de *ketman* metafísico. De fato, diz Milosz, ele representa a vitória máxima da Grande Mentira sobre a alma da pessoa.

Sob a emergente tirania da consciência social e política [*wokeness*], os conservadores, incluindo os cristãos conservadores, aprendem a praticar uma ou mais formas de *ketman*. Aqueles que são mais profundamente enganados são os que se convencem de que conseguem viver honestamente dentro dos sistemas de desconstrução e "lacração" [*woke*], aprendendo a adaptar suas convicções à nova ordem. Milosz sabe o que está acontecendo: "Eles ludibriam o diabo que acha que está ludibriando-os. Mas o diabo sabe o que eles estão pensando e está satisfeito."[8]

Vivendo a Verdade

No último dia em que ficou preso em Moscou — 2 de fevereiro de 1974 —, Alexander Soljenítsin publicou aquela que seria sua última mensagem ao povo russo, antes de o governo exilá-lo no Ocidente. No título, ele exortou o povo soviético: "Não viva uma mentira!"[9]

O que significava viver uma mentira? Significava, escreve Soljenítsin, aceitar sem protestos todas as falsidades e as propagandas que o Estado forçava seus cidadãos a afirmarem — ou, pelo menos, a não se oporem — para viver em paz com o totalitarismo. Todos dizem que não têm escolha a não ser se conformarem, diz Soljenítsin, e aceitarem a impotência. Mas essa é a mentira que dá a todas as outras mentiras sua força maligna. O homem comum pode não conseguir derrotar o império das mentiras, mas pode, pelo menos, dizer que não será seu seguidor fiel.

"Não somos chamados para ir em praça pública e a berrar a verdade, para dizer em voz alta o que pensamos — isso é assustador, não estamos prontos", escreve ele. "Mas vamos todos nos recusar a dizer aquilo em que não pensamos!"

Por exemplo, afirma Soljenítsin, uma pessoa que se recusa a viver uma mentira:

- Não dirá, escreverá, afirmará ou distribuirá qualquer coisa que distorça a verdade.
- Não irá a manifestações ou participará de ações coletivas a menos que realmente acredite na causa.
- Não tomará parte em uma reunião na qual o debate seja forçado e ninguém possa falar a verdade.
- Não votará em um candidato ou em uma proposta que considere ser "dúbia ou indigna".
- Sairá de um evento "no momento em que ouvir o palestrante proclamar uma mentira, um disparate ideológico ou uma propaganda vergonhosa".
- Não apoiará o jornalismo que "distorce ou esconde fatos subjacentes".

"De forma alguma essa é uma lista completa das formas possíveis e necessárias de evadir-se das mentiras", escreve Soljenítsin. "Mas aquele que começar a limpar-se discernirá facilmente, com um olhar purificado, ainda outras oportunidades."[10]

A tarefa do dissidente cristão hoje é comprometer-se pessoalmente a não viver uma mentira. Como isso pode ser feito? É necessário aproximar-se de uma liderança espiritual autêntica — clerical, leiga ou ambas — e formar pequenas células de fiéis com quem poderá orar, cantar e estudar as Escrituras, além de ler outros livros importantes para sua missão. Com essa célula, os dissidentes discutirão as questões e os desafios que enfrentam como cristãos, especialmente os desafios à sua liberdade. Eles empregarão o método de Kolakovic para **Ver, Julgar e Agir**. Ou seja, identificarão o desafio, discernirão juntos o que ele representa e, então, agirão conforme suas conclusões.

Em longo prazo, os atuais dissidentes cristãos deverão começar a pensar em si mesmos como herdeiros da Família de Kolakovic, espalhando o movimento por todo o Ocidente e ajudando os fiéis simpatizantes a se prepararem para dias de sofrimentos e resistência por vir. O totalitarismo brando está chegando. Como veremos no próximo capítulo, seus fundamentos já foram lançados.

CAPÍTULO DOIS

Nossa Cultura Pré-totalitária

"Todos os jovens são candidatos às soluções do comunismo ou do fascismo quando não há alternativas ao desespero ou à dissipação."

NADINE GORDIMER[1]

Durante o jantar no apartamento de uma família russa ortodoxa nos subúrbios de Moscou, fiquei abalado com a conversa que tivemos à mesa sobre a opressão soviética, pela qual o pai e a mãe daquele lar haviam passado. "Não entendo como qualquer pessoa poderia ter acreditado no que os bolcheviques prometiam", disse sem hesitar.

"Você não entende?", perguntou o pai, que estava na cabeceira da mesa. "Deixe-me explicar." Então ele fez uma revisão histórica cobrindo trezentos anos, que acabou na revolução de 1917. Era uma história cruel das elites ricas e poderosas, incluindo burocratas da Igreja, que tratavam os camponeses um pouquinho melhor que tratavam os animais.

"Os bolcheviques eram maldosos", disse o pai. "Mas era compreensível."

Aquele russo estava certo. Fiquei humilhado. A crueldade, a injustiça, a implacabilidade e, às vezes, a pura estupidez do governo imperial russo e da ordem social de forma alguma justificam tudo o que se seguiu — mas explicam, sim, por que a geração revolucionária russa estava tão disposta a colocar suas esperanças no comunismo. Ele prometia um caminho que os levaria para longe da lama e da miséria que fora a sorte dos camponeses russos vitimizados desde os tempos desconhecidos.

A história da Rússia à beira da revolução esquerdista é mais relevante para o Ocidente contemporâneo do que a maioria das pessoas percebe.

A Rússia na qual o comunismo surgiu se tornara uma potência mundial sob o reinado da dinastia Romanov, mas, à medida que o Império capengava em direção ao século XX, ela já estava em queda. Embora seus rivais estivessem se industrializando rapidamente, a economia agrícola da Rússia e a classe de camponeses continuavam atolados no atraso. Uma fome severa em 1891 abalou o âmago da pátria, revelando a fraqueza do sistema czarista, que falhou miseravelmente em sua resposta à crise. Um jovem monarca, Nicholas II, subiu ao poder em 1894, mas provou-se incapaz de enfrentar os desafios agonizantes que assolavam seu governo.

Tentativas anteriores de radicalizar a classe camponesa não deram em nada perante seu profundo conservadorismo. Mas, ao final do século, a industrialização criara uma grande subclasse urbana de trabalhadores que foram excluídos de suas vilas e, portanto, das tradições e crenças religiosas que os uniam. Moravam miseravelmente nas cidades, explorados pelos donos das fábricas e sem qualquer alívio por parte do czar. Pedidos de reforma da estrutura imperial — incluindo a engessada Igreja Ortodoxa russa — foram ignorados.

Poucos na sociedade russa, fora da bolha da corte imperial, acreditavam que o sistema poderia continuar. Mas o czar Nicholas II e seus assessores mais próximos insistiam na ideia de que permanecer com as formas comprovadas da autocracia tradicional os tiraria da crise. A liderança da Igreja também ignorou os pedidos internos por reforma vindos de padres que conseguiam ver a influência da Igreja se desvanecendo. As classes intelectual e criativa da Rússia estavam sob a influência do prometeanismo, a crença de que o homem tem poderes divinos ilimitados para fazer com que o mundo satisfaça seus desejos.

Em retrospecto, isso parece quase inacreditável. Como os russos foram tão cegos? De certo modo, era um problema de imaginário. Refletindo sobre a velocidade com que os sonhos utópicos se transformaram em um macabro pesadelo, Soljenítsin observou:

> *Se aos intelectuais das peças de Tchékhov, sempre fazendo conjeturas sobre o que seria a vida dentro de vinte, trinta ou quarenta anos, tivessem respondido que na Rússia se torturariam os acusados durante a instrução do processo, que se lhes apertaria o crânio com um anel de ferro, que se submergiria uma pessoa em um banho de ácidos, que se ataria um homem nu para expô-lo às formigas e aos percevejos, que se lhe introduziria uma baioneta em brasa pelo orifício anal ("a marca secreta"), que se lhe comprimiriam lentamente com uma bota os órgãos sexuais e que, como tratamento mais suave, torturar-se-ia alguém durante uma semana, sem o deixar dormir, nem lhe dar de beber, espancando-o até deixar-lhe o corpo em carne viva — nem uma só dessas peças teria chegado até o fim, e todos os seus heróis teriam ido parar no manicômio.*[2]

Não eram apenas os czaristas que não previram o que estava por vir, mas também as principais mentes liberais do país. Aquilo estava, simplesmente, além de suas capacidades imaginativas.

Por que o Comunismo Tocou os Russos

O marxismo é um conjunto de doutrinas altamente teórico e abstrato que não é facilmente compreendido por leigos. Ele sacudiu os intelectuais russos porque seus disseminadores lhes apresentaram o marxismo como uma religião secular para a era pós-religião.

Embora Karl Marx, o profeta alemão do comunismo, desprezasse a religião, ele fez nascer uma visão de uma economia política que assombrosamente se alinhava com as promessas do cristianismo apocalíptico. A filosofia política que viria a carregar seu nome interpretava a história como a saga da luta entre as classes. Marx acreditava que a desigualdade de classes — causada pelos ricos, que exploravam as massas trabalhadoras — era responsável pela desgraça do mundo. A religião era, nas palavras de Marx, "o ópio do povo", funcionando como um tipo de droga que embotava seus sofrimentos e evitava que enxergassem sua verdadeira condição. Marx pregou uma revolução que tomaria o controle dos ricos (capitalistas) em nome do proletariado (trabalhadores) e estabeleceria um governo todo-poderoso que redistribuiria os recursos de forma justa antes de se enfraquecer. De forma crucial, Marx e seus seguidores previram a revolução a partir de um confronto sangrento entre o Bem (os trabalhadores) e o Mal (os capitalistas), e profetizaram a vitória da justiça e o estabelecimento de um paraíso na Terra.

Marx acreditava que seus ensinamentos se baseavam na ciência, que, no século XIX, havia destituído a religião como fonte mais importante de autoridade entre os intelectuais. O século XIX foi a era dourada do liberalismo europeu, na qual as nações que foram governadas por reis e aristocratas se esforçavam para se reformar seguindo linhas constitucionais e republicanas. A Rússia rejeitou firmemente a reforma. O liberalismo russo se afundou perante a autocracia czarista e a indiferença das massas camponesas.

Conforme o século ia passando, os russos instruídos perceberam o quanto seu país agrícola estava ficando para trás dos europeus modernos e industrializados, tanto política como economicamente. Os russos mais jovens também sentiram agudamente a vergonha dos fracassos de seus patriarcas liberais para mudar o sistema. Em meio ao declínio da Rússia, o marxismo apelou aos incansáveis e jovens intelectuais, que estavam cansados da antiga ordem, que haviam perdido a fé em reformá-la e que estavam desesperados para acabar com o sistema e para substituí-lo por algo totalmente diferente.

O marxismo defendia o futuro, o progresso. O evangelho do marxismo acendeu uma centelha nas mentes dos russos pré-revolucionários. Seus sacerdotes e profetas eram seus intelectuais, que eram "religiosos quanto a serem seculares". O historiador Yuri Slezkine escreve: "Uma conversão ao socialismo era uma conversão à *intelligentsia*, a uma fusão da fé milenarista e a uma vida de aprendizado."[3]

O radicalismo da extrema esquerda espalhou-se inicialmente entre os intelectuais, sobretudo por meio de grupos de leitura. Uma vez adotada a fé marxista, todas as outras coisas da vida iluminavam-se. Os intelectuais saíram ao mundo para pregar essa pseudorreligião aos trabalhadores. Tais missionários, diz Slezkine, criaram o que os fiéis religiosos chamariam de revelações proféticas e, ao apelar ao ódio no coração de seus ouvintes, chamaram-nos à conversão.

Uma vez capturadas as universidades da Rússia, os radicais levaram seu evangelho às fábricas. Poucos eram os trabalhadores que conseguiam compreender a doutrina marxista, mas os missionários a ensinavam àqueles que eram capazes de traduzir o básico, de forma que as pessoas comuns a pudessem entender. Esses proselitistas falavam ao sofrimento do povo, a seu senso de justiça, a seu ressentimento, muitas vezes justificado, contra os exploradores. A grande fome de 1891–1892 desnudara a incompetência da classe governante russa. Os evangelistas do marxismo lançaram revelações proféticas sobre a terra de abundância que aguardava as massas após a revolução varrer os mandatários governantes.

A maioria dos revolucionários vinha das classes privilegiadas. Seus pais deveriam saber que essa nova fé política pregada por seus filhos significaria, caso se concretizasse, o colapso da ordem social. Mesmo assim, não rejeitaram seus filhos. Nas palavras de Slezkine: "Os 'alunos' eram quase sempre incitados em casa enquanto ainda estudavam e quase nunca foram condenados quando se tornaram revolucionários."[4] Talvez as mães e os pais não quisessem alienar seus filhos e filhas. Talvez eles também, após a terrível experiência da fome e a inabilidade incompetente do Estado para cuidar dos famintos, tivessem perdido a fé no sistema.

Em 1905, ondas de agitação civil varreram a Rússia. A perda que o Império sofrera em uma guerra contra o Japão no ano anterior desestabilizou ainda mais o trono e promoveu o descontentamento entre os militares. A pobreza disseminada e a instabilidade econômica despertaram tanto os trabalhadores camponeses como os industriais, que estavam, por fim, dando ouvidos aos alunos intelectuais radicais. O "problema da nacionalidade" — a inabilidade do Estado para lidar de forma justa com as muitas minorias não russas vivendo sob o governo imperial — aumentou os conflitos internos a ponto de explodir. Nicholas II reagiu inicialmente com a repressão característica, mas a escalada da violência anti-Estado logo convenceu-o a concordar com certas reformas liberais, o que incluía a criação de um fraco parlamento.

A Revolução de 1905 deu uma folga à dinastia dos Romanov, mas o destino da monarquia russa estava selado com a chegada da Grande Guerra, em 1914. A derrota humilhante da Rússia invocou o apocalipse há tempos profetizado, na forma da Revolução de Outubro de 1919, liderada por Vladmir Lênin e seu partido bolchevique. Entre os revolucionários das facções russas da extrema esquerda, os bolcheviques eram relativamente poucos em número, mas, sob a enérgica liderança de Lênin, foram inteligentes, implacáveis e determinados. Sua vitória provou que, sob certas condições, uma minoria astuta e dedicada poderia ganhar o poder absoluto sobre uma massa desorganizada, sem liderança e indiferente.

Um ano após a revolução proletária, os bolcheviques introduziram a matança ideológica das massas, chamando-a de Terror Vermelho. Dessa forma, a *intelligentsia* radical, com uma fé do tamanho de um grão de mostarda, moveu a montanha que era a Rússia e a lançou em um mar de sangue.

Isso não deveria acontecer lá também. Mesmo os doutrinários marxistas europeus acreditavam que não havia maneiras de a Rússia abrir os braços para a revolução comunista. Mas aconteceu.

Evangelizando os Vizinhos da Rússia

É verdade que o comunismo chegou à Europa Central na mira das armas soviéticas, mas essa não é a verdade completa. A Primeira Guerra Mundial fragilizou drasticamente a sociedade civil naquelas nações também e inspirou os jovens intelectuais a abraçarem o marxismo.

"Na década de 1930, antes do surgimento do regime comunista, já havia movimentos fortes na cultura que abriram caminho para ele", diz Patrik Benda, consultor político em Praga, a respeito de seu país natal, a Tchecoslováquia. "Todos os artistas e intelectuais defendiam ideais comunistas, e, caso você não concordasse, era marcado para ser excluído. Isso foi quase duas décadas antes de o comunismo real tomar o poder."

A catástrofe ainda pior da Segunda Guerra Mundial fortaleceu as coisas para o comunismo. Tendo aguentado as agonias da ocupação nazista, muitos países da Europa Central estavam desesperados para crer em algo que lhes garantisse um futuro brilhante. Uma sobrevivente tcheca dos campos de concentração nazistas escreveu posteriormente que aderiu ao partido comunista porque presumiu, de forma equivocada, que seria exatamente o oposto do nazismo.

Quando os comunistas locais tomaram o poder, apoiados pelo poder soviético, não havia sobrado muito nas populações exauridas com o que resistir. Nas palavras da historiadora Anne Applebaum: "E, assim, a vasta maioria dos europeus orientais não fez um pacto com o diabo ou vendeu sua alma para se tornar informante, porém sucumbiu à constante e diária pressão psicológica e econômica que abrangia tudo."[5]

E, assim, todos os povos do Leste Europeu caíram sob as ditaduras comunistas, sustentadas pelo poder soviético. Para as pessoas daquelas nações cativas, o totalitarismo significava uma destruição praticamente total de quaisquer instituições independentes do Estado. Significava uma submissão econômica completa ao Estado e um empobrecimento material geral. Representava a politização de todos os aspectos da vida, imposta pela polícia secreta, pelas prisões e pelos campos de trabalho. Era a hostil perseguição aos fiéis religiosos, o esmagamento da liberdade de fala e de expressão e o apagamento da memória histórica e cultural. E, quando alguns povos bravos — os húngaros em 1956 e os tchecos em 1968 — enfrentavam seus opressores, as forças armadas soviéticas e as dos Aliados invadiam para relembrá-los quem era o mestre e quem eram os escravos.

Por mais de quatro décadas, até o colapso do comunismo, em 1989, milhões de europeus orientais perduraram tal cativeiro imposto pelo Estado policial. Para o povo russo, sua escravidão ao comunismo durou muito mais décadas e foi ainda mais cruel. É verdade, os comunistas no poder seguraram-se nele por meio de puro terror e pelo exercício do monopólio pela força. Porém, não podemos fechar os olhos para o fato de que o comunismo não saiu do nada — mas que realmente havia pessoas cujas vidas eram tão difíceis e sem esperança que as proclamações utópicas dos zelotes marxistas pareciam sua salvação.

Sob as condições certas, sim, pode acontecer por aqui. Não seria da mesma forma que foi na Rússia e no Leste Europeu — os tempos mudaram —,

NOSSA CULTURA PRÉ-TOTALITÁRIA

mas a tentação totalitária apresenta-se com um modelito do século XXI. Os paralelos entre um Ocidente em declínio e uma Rússia pré-revolucionária não são exatos, mas perturbadoramente semelhantes.

A alma do liberalismo clássico está morrendo em todo o mundo Ocidental, mas sua sucessora ainda não nasceu. A estagnação econômica, o endividamento e as grandes lacunas entre os ricos e todos os demais estão caminhando para as frentes políticas — e os partidos estão indo aos extremos ideológicos. Esse padrão tem se repetido em toda a Europa, na medida em que partidos de esquerda e de direita perdem cada vez mais eleitores para os radicais da tradição marxista ou para os populistas da extrema direita.

Além dos sinais de declínio social, institucional e econômico, para os quais as elites ocidentais parecem cegas e impotentes em suas respostas, o fracasso dos governos do Ocidente em reagir efetivamente à pandemia do Covid-19 fazem uma rima atraente com a vergonhosa resposta czarista à fome da década de 1890. Ambos os desastres naturais causaram sofrimento em massa e revelaram a decadência sistêmica nos hábitos e na instituição da autoridade governamental.

Ao contrário dos russos imperiais, provavelmente não enfrentaremos manifestações difundidas e insurreições armadas. Não há Lênins em exílio, esperando para voltar em trens selados rumo ao Ocidente para comandar a revolução. Relativamente poucas pessoas seriam persuadidas de que Karl Marx tem as respostas para nossos problemas. Até onde podemos dizer, não há uma nova religião política se formando nos bares ou cafés.

Porém, isso não quer dizer que estamos imunes a uma forma nova e diferente de totalitarismo. O termo foi usado pela primeira vez pelos apoiadores do ditador fascista Benito Mussolini, que o definiram concisamente: "Tudo dentro do Estado, nada fora do Estado, nada contra o Estado." Quer dizer, o totalitarismo é um Estado no qual nada pode ter sua existência permitida se contradisser a ideologia dominante de uma sociedade.

Que tipo de pessoa estaria tão desmoralizado que isso — a submissão a um programa ideológico totalitário — pareceria atraente? Para responder, voltemo-nos a Hannah Arendt.

Como Perceber a Chegada do Totalitarismo

Em 1951, após o fim da Segunda Guerra Mundial, Arendt publicou *Origens do Totalitarismo*, o estudo clássico da filósofa política sobre o que acontecera na Alemanha e na União Soviética, buscando compreender como ideologias tão radicais capturaram as mentes das pessoas. De acordo com Arendt, as seguintes condições araram o solo, preparando-o para os ativistas ideológicos nele plantarem ideias venenosas.

SOLIDÃO E ATOMIZAÇÃO SOCIAL

Os movimentos totalitários, disse Arendt, são "organizações em massa de indivíduos atomizados e isolados". Ela continua:

> *O que prepara os homens para o domínio totalitário no mundo não totalitário é o fato de que a solidão, que já foi uma experiência fronteiriça, sofrida geralmente em certas condições sociais marginais como a velhice, passou a ser, em nosso século, a experiência diária de massas cada vez maiores.*[6]

A teórica política escreveu essas palavras na década de 1950, um período que analisamos em retrospecto como a era de ouro da coesão comunista. Hoje, a solidão é amplamente reconhecida pelos cientistas como um grave problema social e até médico. Em 2000, o cientista político de Harvard Robert Putnam publicou *Bowling Alone* ["Jogando Boliche Sozinho", em tradução livre], um aclamado estudo que documenta o agudo declínio da sociedade civil desde a metade do século, resultando na atomização dos EUA.

Desde a publicação do livro de Putnam, passamos pelo surgimento das redes sociais oferecendo um tipo de cópia da "conexão". Contudo, ficamos cada vez mais solitários e mais isolados. Não é coincidência que os millennials e os membros da geração Z registrem taxas muito mais altas de solidão do que os das gerações anteriores, assim como um apoio muito maior ao socialismo. É como se aspirassem por uma política que possa substituir a comunidade que queriam ter.

Mais cedo ou mais tarde, a solidão e o isolamento cumprirão seu destino de causar efeitos políticos. As massas que apoiam os movimentos totalitários, diz Arendt, cresceram "dos fragmentos da sociedade atomizada, cuja estrutura competitiva e a concomitante solidão do indivíduo eram controladas apenas quando se pertencia a uma classe".[7]

A confiança civil é outro vínculo que mantém a sociedade unida. Arendt escreve que o governo soviético, em um esforço para monopolizar o controle, fez com que os russos se voltassem uns contra os outros. No Ocidente, não vimos nada parecido com o Estado desmantelando agressivamente a sociedade civil — porém, ainda assim isso está acontecendo.

Em *Bowling Alone*, Putnam documentou o início da quebra dos vínculos civis desde a década de 1950. Os norte-americanos passaram a frequentar menos clubes, a fazer menos festas, a ter menos refeições em família e a conectar-se muito menos com seus vizinhos. Estão desconectados de partidos políticos e mais céticos com as instituições. Gastam muito mais tempo sozinhos assistindo à TV ou enclausurando-se na internet. O resultado é que as pessoas comuns se sentem mais ansiosas, isoladas e vulneráveis.

Uma ordem de sistema político repleta de pessoas alienadas, sem qualquer senso de comunidade e propósito, é alvo de ideologias totalitárias e de líderes que prometem solidariedade e sentido.

PERDA DA FÉ NAS HIERARQUIAS E INSTITUIÇÕES

Os ocidentais perderam a fé nas instituições, em geral, a partir da década de 1960. Na Europa, porém, o fato teve início logo após a Primeira Guerra Mundial. Ao pesquisar o cenário político alemão na década de 1920, Arendt percebeu uma "solidariedade negativa aterrorizante" entre pessoas de diversas classes, unidas em sua crença de que todos os partidos políticos estavam repletos de idiotas.

Isso é tão diferente hoje? De acordo com o Gallup, a confiança dos norte-americanos em suas instituições — políticas, de mídia, religiosas, jurídicas, médicas, corporativas — está em baixas históricas de forma generalizada. Apenas os militares, a polícia e as pequenas empresas retêm a forte confiança de mais de 50% da população. As normas democráticas estão sob pressão em muitas nações industrializadas, com o apoio em declínio aos partidos tradicionais de esquerda e de direita.

Na Europa da década de 1920, relata Arendt, a primeira indicação da chegada do totalitarismo foi o fracasso dos partidos estabelecidos em atraírem membros mais jovens, e a disposição das massas passivas em considerar alternativas radicais em partidos de um *establishment* desacreditado.

A perda da fé na política democrática é sinal de uma instabilidade mais profunda e ampla. Na medida em que o individualismo radical tem se tornado mais difundido em nossa cultura orientada ao consumo, as pessoas pararam de olhar para fora de si mesmas em busca de fontes significativas de autoridade. Este é o cumprimento dos objetivos do liberalismo moderno: libertar a pessoa de quaisquer obrigações não escolhidas.

Porém, tal condição impõe um terrível fardo psicológico ao indivíduo, que pode buscar libertação nas certezas e na solidariedade oferecidas pelos movimentos totalitários.

O sociólogo Émile Durkheim observou que muitas pessoas que foram libertas das amarras da religião não prosperaram em sua liberdade. De fato, perderam um objetivo compartilhado de propósito, significado e comunidade. Muitas, desesperadas, cometeram suicídio. De acordo com Durkheim, o que aconteceu com as pessoas individualmente também pode acontecer com as sociedades.

É possível arruinar algo tanto pelo fracasso em construir como pela destruição ativa. Philip Rieff disse que o colapso de uma ordem civilizacional começa quando suas elites não conseguem mais transmitir fé em suas instituições e costumes às gerações mais novas. O cientista político Yascha Mounk, ao observar o colapso dos valores liberal-democráticos entre as elites dos EUA, tuitou:

> Dizer que, em 2019, a noção de que um dos propósitos da educação civil pode ser ter que convencer os alunos de que há, de fato, algo que valha a pena em nosso sistema político soa, para muitos membros de instituições de elite, como algo ligeiramente bizarro.[8]

O DESEJO DE TRANSGREDIR E DESTRUIR

A geração de escritores e artistas do pós-Primeira Guerra Mundial foi marcada por sua acolhida e por sua celebração de filosofias e de atos anticulturais como uma maneira de demonstrar desprezo pelas hierarquias, pelas instituições e pelas formas de pensar estabelecidas. Arendt comentou sobre alguns escritores que glorificavam a vontade de poder: "Liam não Darwin, mas o marquês de Sade."[9]

A questão por ela levantada era a de que eles não se valiam de teorias intelectuais respeitáveis para justificar sua transgressividade. Eles imergiram no que é mais vil na natureza humana e consideravam isso como um ato de libertação. O parecer de Arendt sobre as elites do pós-guerra, que levianamente tiravam onda da respeitabilidade, poderia ser facilmente aplicado à nossa própria época, que chuta para longe os princípios liberais do *fair play*, da neutralidade da raça e das liberdades de expressão e de associação, visto que os considera obstáculos à igualdade:

> Os membros da elite concordavam em pagar o preço, que era a destruição da civilização, pelo prazer de ver como aqueles que dela haviam sido excluídos injustamente, no passado, agora nela penetravam à força.[10]

Considerar a sexualidade transgressiva como um bem social não foi uma inovação da Revolução Sexual. Assim como o Ocidente contemporâneo, a antiga Rússia Imperial também estava mergulhada no que foi denominada pelo historiador James Billington como "uma preocupação com o sexo sem praticamente nenhum paralelo com os inícios da cultura russa".[11] No meio das elites sociais e intelectuais, as aventuras sexuais, as celebrações da perversão e todos os tipos de sensualidade eram comuns. E não só entre as elites: as classes trabalhadoras, solitárias na cidade, sem igrejas para associar suas consciências à culpa ou fofocas nas vilas para envergonhá-las, encontravam consolo no sexo.

O término da censura oficial após o levante de 1905 abriu as porteiras para a literatura erótica, que encontrou sua renovação na paixão sexual. "O sensualismo daquela época era, de forma muito íntima, demoníaco",[12] escreve Billington, ao detalhar como a figura de Satanás tornou-se a de um herói romântico para artistas e músicos. Eles admiravam a disposição demoníaca em não se abater perante nada, de modo a satisfazer o desejo individual e a exercer sua própria vontade.

PROPAGANDA E A DISPOSIÇÃO EM ACREDITAR EM MENTIRAS ÚTEIS

Heda Margolius Kovaly, uma comunista tcheca desiludida, cujo marido foi executado após um julgamento de fachada em 1952, reflete sobre a disposição das pessoas em virar suas costas à verdade em nome de uma causa ideológica:

> *Não é difícil para um regime totalitário manter as pessoas ignorantes. Uma vez entregue sua liberdade em nome de uma "necessidade compreendida", pela disciplina do Partido, pela conformidade com o regime, pela grandeza e pela glória da terra natal ou por qualquer um dos substitutos que são oferecidos de forma tão convincente, você cede sua reivindicação da verdade. Lentamente, gota a gota, sua vida vai se escorrendo, exatamente como seria se tivesse cortado seus punhos; você condenou-se voluntariamente ao desamparo.*[13]

Você pode abrir mão de sua responsabilidade moral de ser honesto em favor de um idealismo equivocado. Também pode fazê-lo ao odiar os outros mais do que ama a verdade. Nos Estados pré-totalitários, escreve Arendt, odiar a "sociedade respeitável" era tão inebriante que as elites estavam dispostas a aceitar "monstruosas contrafações da historiografia" em nome da retaliação àqueles que, em sua visão, haviam "excluído da memória da humanidade os subprivilegiados e os oprimidos".[14] Por exemplo, muitos que realmente não aceitavam a visão revisionista de Marx sobre a história — ou seja, a manifestação da luta de classes — estavam dispostos a afirmar isso porque era uma ferramenta útil para punir aqueles que desprezavam.

Vejamos um exemplo importante de tal situação, que ocorreu em nossa realidade de tempo e espaço. Em 2019, o jornal mais influente do mundo, o *New York Times*, lançou o "Projeto 1619", uma tentativa gigantesca para "reformular" (palavra usada pelo *Times*) a história norte-americana por meio da desconsideração da Declaração de Independência de 1776 como a fundação tradicional dos Estados Unidos e a substituição dela pelo ano em que os primeiros escravos africanos chegaram à América do Norte.[15]

Nenhuma pessoa séria nega a importância da escravidão na história dos EUA. Mas essa não é a questão no Projeto 1619. Seu objetivo é revisar a identidade nacional norte-americana ao tornar o ódio racial o centro do mito fundacional da nação. A despeito de a afirmação central do projeto (de que os patriotas lutaram na Revolução Americana para preservar a escravidão) ter sido completamente desmentida, a elite jornalística achou adequado agraciar o diretor do projeto com o Prêmio Pulitzer por sua contribuição. Equipado com tal imprimátur incomparável de respeitabilidade ao *establishment*, o Projeto 1619, que já foi ensinado em 4,5 mil salas de aula,[16] abrirá as portas para muitos outros do tipo.

A propaganda ajuda a mudar o mundo por meio da criação de uma falsa impressão do que ele realmente é. Nas palavras de Arendt: "A força da propaganda totalitária — antes que os movimentos façam cair cortinas de ferro para evitar que alguém perturbe, com a mais leve realidade, a horripilante quietude de um universo completamente imaginário — reside na sua capacidade de isolar as massas do mundo real."[17]

Em 2019, Zach Goldberg, doutorando em ciências políticas na Georgia Tech, fez um mergulho profundo no LexisNexis, o maior banco de dados do mundo sobre documentos públicos disponíveis, incluindo relatórios da mídia. Ele descobriu que, durante um período de nove anos, a taxa de artigos noticiários que usavam o jargão progressista associado à teoria crítica e aos conceitos de justiça social da esquerda chegou à estratosfera.[18]

O que isso significa? Que a mídia *mainstream* está moldando a compreensão do público em geral sobre as notícias e sobre os eventos de acordo com o que era, até muito recentemente, uma ideologia radical confinada às elites intelectuais esquerdistas.

Deve-se admitir que a mídia direitista, embora fora do *mainstream*, eventualmente causa um efeito similar nos conservadores, afirmando que aquilo em que acreditam sobre o mundo é verdade. Para todos os usuários das redes sociais — incluindo os quase 75 milhões de adultos norte-americanos que usam Facebook e os 22% que usam Twitter —, o fortalecimento de crenças políticas anteriores é incorporado ao sistema. Estamos sendo condicionados a aceitar como verdadeiro tudo o que nos parece certo. Como escrito por Arendt sobre as massas pré-totalitárias:

> *Não acreditam em nada visível nem na realidade da sua própria experiência; não confiam em seus olhos e ouvidos, mas apenas em sua imaginação, que pode ser seduzida por qualquer coisa ao mesmo tempo universal e coerente em si. O que convence as massas não são os fatos, mesmo que sejam fatos inventados, mas apenas a coerência com o sistema do qual esses fatos fazem parte.*[19]

MANIA POR IDEOLOGIAS

Por que as pessoas ficam tão dispostas a acreditar em mentiras comprovadas? O desespero das pessoas para terem uma história que as ajude a criar um sentido para suas vidas e que lhes diga o que fazer é o que explica isso. Para alguém desesperado por acreditar em algo, a ideologia totalitária é mais preciosa do que a própria vida.

"Estará até disposto a colaborar com a própria condenação e a tramar a própria sentença de morte, contanto que o seu status como membro do movimento permaneça intacto", escreveu Arendt. Sem dúvidas, os arquivos dos julgamentos stalinistas encenados da década de 1930 estão repletos de falsas confissões feitas por devotos comunistas, que estavam preparados para morrer em vez de admitirem que o comunismo era uma mentira.

Os servos mais dedicados do totalitarismo são geralmente idealistas, pelo menos no princípio. Certamente, Margolius Kovaly testemunha que ela e seu marido abraçaram o comunismo no início precisamente porque era muito idealista. Aos que haviam saído do inferno, ele concedia uma visão do paraíso na qual podiam acreditar.

Uma das expressões do progressismo contemporâneo, muito usada — *o individual é político* —, capta o espírito totalitário, que busca infundir a consciência política em todos os aspectos da vida. Na verdade, a esquerda força sua ideologia ainda mais profundamente no âmbito pessoal, deixando cada vez menos áreas da vida cotidiana incontestes. Isso, alertou Arendt, é um sinal de que a sociedade está amadurecendo para o totalitarismo, pois esta é a essência do totalitarismo: a politização de tudo.

Infundir cada aspecto da vida com ideologia era um padrão do totalitarismo soviético. Logo no início da era Stalin, N.V. Krylenko, comissário (oficial político) soviético, partia para cima dos jogadores de xadrez que queriam deixar a política fora dos jogos.

"Devemos acabar de uma vez por todas com toda essa neutralidade do xadrez", afirmou ele. "Devemos condenar de uma vez por todas a fórmula 'xadrez pelo xadrez', da mesma forma que a 'arte pela arte'. Devemos organizar brigadas de choque de jogadores de xadrez e começar imediatamente a realização de um Plano de Cinco Anos para o xadrez."[20]

UMA SOCIEDADE QUE VALORIZA MAIS A LEALDADE DO QUE A EXPERTISE

"O totalitarismo no poder invariavelmente substitui todo talento, quaisquer que sejam as suas simpatias, pelos loucos e insensatos cuja falta de inteligência e criatividade é ainda a melhor garantia de lealdade", escreveu Arendt.[21]

Todos os políticos prezam pela lealdade, mas poucos a consideram a qualidade mais importante no governo, e ainda menos o admitiriam. Porém, o presidente Donald Trump é um quebra-regras de diversas formas. Ele disse, certa vez: "Valorizo a lealdade acima de qualquer coisa — mais do que a inteligência, mais do que a motivação e mais do que a energia."[22]

A exaltação feita por Trump à lealdade acima da expertise é desonrosa e corruptora. Porém, como os liberais podem reclamar? A lealdade ao grupo, ou à tribo, é *a essência* das políticas esquerdistas de identidade. A lealdade a uma ideologia em detrimento da expertise não é menos perturbadora do que a lealdade a uma personalidade. É o que está na raiz da "cultura do cancelamento", na qual os transgressores, não importa quão pequenas sejam suas infrações, percebem-se lançados à escuridão longínqua.

No início de 2020, surgiu uma assombrosa controvérsia da cultura do cancelamento, na qual Jeanine Cummins, autora de um romance muito aguardado sobre a experiência dos imigrantes mexicanos, sofreu ataques selvagens na mídia originados de escritores progressistas latinos, acusando a mulher branca de roubar as experiências dos latinos. Algumas latinas proeminentes, que haviam elogiado o livro antes de sua publicação — incluindo a romancista Erika L. Sanchez e a atriz Salma Hayek — retiraram seu apoio, receando serem vistas como desleais a seu grupo.

Muito além da cultura do cancelamento, que é reativa, as instituições estão incorporando testes ideológicos em seus sistemas para extirpar os dissidentes. Nas universidades que compõem o sistema da Universidade da Califórnia, por exemplo, os professores que quiserem se candidatar a vagas com estabilidade precisam afirmar seu compromisso com "a igualdade, a diversidade e a inclusão" — e ter demonstrado isso, mesmo que não tenha nada a ver com sua área. Juramentos politicamente corretos similares são exigidos em escolas públicas e particulares de destaque.

De facto, os testes de lealdade em relação à diversidade ideológica são comuns no mundo corporativo ocidental. O inventor do JavaScript, Brendan Eich, foi um dos principais nomes no início da internet. Porém, em 2014, foi forçado a deixar a liderança da Mozilla, empresa que fundara, após objeções dos funcionários a respeito de uma pequena doação que fizera para a campanha de 2008 para acabar com os casamentos gays na Califórnia.

Um médico norte-americano nascido na União Soviética disse-me — após minha concordância em não revelar seu nome — que nunca publica nada remotamente controverso nas redes sociais, pois sabe que o departamento de RH do hospital em que trabalha monitora as contas dos funcionários buscando evidências de deslealdade ao credo progressista de "diversidade e inclusão".

Esse mesmo médico revelou que a ideologia da justiça social está forçando médicos como ele a ignorarem o treinamento e o julgamento médicos quando o assunto é saúde transgênero. Ele comentou que, dentro de sua instituição, não é permitido aconselhar pacientes com disforia de gênero contra tratamentos que desejem, mesmo quando o médico acredita que não estejam nos interesses de saúde daquele paciente em particular.

OS INTELECTUAIS SÃO A CLASSE REVOLUCIONÁRIA

Em nossa era populista, os políticos e os polemistas em programas de rádio conseguem irritar uma multidão ao condenar as elites. Não obstante, na maioria das sociedades, as elites intelectuais e culturais determinam sua direção em longo prazo. "O ator principal na história não são os gênios individuais, mas as redes e as novas instituições que são criadas a partir dessas redes", escreve o sociólogo James Davison Hunter.[23] Embora uma ideia revolucionária possa emergir das massas, afirma Hunter, "ela não ganha tração até que seja abraçada e propagada pelas elites", que trabalham por meio de suas "redes bem desenvolvidas e instituições poderosas".[24]

É por esse motivo que é importantíssimo ficar de olho no discurso intelectual. Aqueles que não deixam seus portões abertos. Nas palavras do dissidente e emigrante polonês Czeslaw Milosz: "Foi apenas em meados do século XX que os habitantes de diversos países europeus começaram a perceber, em geral de forma desagradável, que seu destino poderia ser influenciado diretamente por livros intricados e obscuros de filosofia."[25]

Arendt adverte que a experiência totalitária do século XX mostra como uma minoria determinada e habilidosa pode passar a governar uma maioria indiferente e desengajada. Em nossos tempos, a maioria das pessoas considera a insanidade do politicamente correto dos radicais universitários como não sendo digna de atenção. São zombados, chamados de "snowflakes" [flocos de neve] e de "Guerreiros da Justiça Social".

É um grave erro. Ao radicalizar a classe mais ampla das elites, os Guerreiros da Justiça Social (GJS) estão desempenhando um papel histórico similar ao dos bolcheviques na Rússia pré-revolucionária. As fileiras do GJS estão repletas de jovens da classe média, seculares e instruídos, mas atormentados pela culpa e pela ansiedade por seus próprios privilégios, alienados de suas próprias tradições e desesperados para se identificar com alguma coisa ou com alguém que lhes dê um senso de completude e propósito. Para eles, a ideologia da justiça social — como definida não pelos ensinamentos da Igreja, mas pelos teóricos críticos da academia — funciona como uma pseudorreligião. Longe de estarem confinados às universidades e aos chatos periódicos intelectuais, os ideais dos GJS estão transformando as instituições de elite e as redes de poder e de influência.

Os cultistas da Justiça Social de nossos dias são pálidas imitações de Lênin e de seus inflamados discípulos. Com exceção da implacável facção antifa, eles restringem sua violência a palavras e ao bullying dentro de contextos burgueses institucionais. Preferem pressionar administradores universitários, professores e profissionais administrativos. Diferentemente dos bolcheviques, que eram revolucionários radicais, os GJS alcançam seus objetivos não pelo derramamento de sangue, mas pelo derramamento de lágrimas.

Contudo, há paralelos claros — identificados por aqueles que já viveram sob o comunismo.

Assim como os bolcheviques, eles estão radicalmente alienados da sociedade. Também acreditam que a justiça depende da identidade de grupo e que a concretização da justiça significa tomar o poder dos exploradores e entregá-lo aos explorados.

Os cultistas da justiça social, assim como os bolcheviques, são intelectuais cujo evangelho é disseminado pela agitação intelectual. É um evangelho que depende do despertar e da inspiração de ódio nos corações daqueles que deseja induzir à consciência revolucionária. É por isso que há a imensa importância de estabelecerem sua base dentro das universidades, onde podem doutrinar em uma ideologia de rancor aqueles que irão trabalhar na instituição da sociedade.

Da mesma forma que os revolucionários marxistas russos, nossos próprios GJS acreditam que a ciência está do seu lado, mesmo quando suas reivindicações não são científicas. Por exemplo, os ativistas transgênero insistem que suas crenças radicais são cientificamente razoáveis; e os cientistas e os médicos que discordam são lançados para fora de suas instituições ou intimidados ao silêncio.

Os cultistas da justiça social são utopistas que acreditam que o progresso exige o aniquilamento das antigas formas em nome da libertação da humanidade. Diferentemente de seus antecessores bolcheviques, não querem tomar os meios da produção econômica, mas os meios da produção cultural. Acreditam que depois que a humanidade for liberta das correntes que nos aprisionam — a branquitude, o patriarcado, o casamento, o binarismo de gênero e assim por diante —, experimentaremos uma forma de vida radicalmente nova e melhorada.

Por fim, diferentemente dos bolcheviques, que queriam destruir e substituir as instituições da sociedade russa, nossos Guerreiros da Justiça Social adotam uma estratégia marxista posterior para trazer a mudança social: marchar pelas instituições da sociedade burguesa, conquistá-la e usá-la para transformar o mundo. Por exemplo, quando a causa LGBT foi adotada pelo corporativismo ocidental como parte de sua estratégia de *branding*, sua vitória maior foi assegurada.

Fatalismo Futurista

Certamente, nem a solidão, nem a atomização social, nem a ascensão do radicalismo da justiça social entre as elites que detêm o poder — nenhum desses fatores ou qualquer outro discutido aqui significa que o totalitarismo é inevitável. Porém, o que eles significam é que a fraqueza da sociedade ocidental contemporânea é consoante com um Estado pré-totalitário.

Como os russos imperiais, nós, os ocidentais, também podemos estar vivendo em uma névoa de engano quanto à estabilidade de nossos próprios países. Recapitulemos.

A fé na maioria das grandes instituições caiu vertiginosamente. Os políticos estão tão divididos por ideologias rígidas que fica difícil para qualquer governo ocidental conseguir fazer qualquer coisa. A participação na vida civil está entrando em colapso. Na medida em que o Estado se afoga no oceano da dívida, a desigualdade da riqueza, praticamente a mais alta em cem anos, encolhe a classe média.

As gerações mais jovens estão abandonando a religião, que une e dá um propósito às sociedades. Os líderes religiosos não sabem como lidar com tal crise crônica; assim como a hierarquia e o clero ortodoxos inalcançáveis durante o período final do Império, muitos parecem não perceber o que está acontecendo, muito menos como resolver a decadência.

A pornografia está em todos os lugares, mas o casamento e a formação da família estão se esgotando. Nossa era também é intensamente sensual, enfatizando as experiências sensoriais em detrimento dos ideais espirituais e racionais. Tal desejo sexual, que é o fator central da identidade contemporânea, não está sendo seriamente contestado (é o mesmo que dizer que, no conflito irreconciliável entre a liberdade religiosa e os direitos dos gays, o segundo está vencendo em uma *blitzkrieg*, ou guerra-relâmpago). A rápida aceitação da ideologia de gênero é um sinal claro de que o prometeanismo e o sensualismo juntaram-se e derrubaram a ordem antiga. A internet aculturou pelo menos uma geração para a pornografia, excedendo de longe qualquer coisa que aqueles que derrubaram a lei de censura russa em 1905 poderiam ter imaginado.

O prometeanismo que impulsionou os russos pré-revolucionários predomina no século XXI no Ocidente. Como habitantes da nação moderna quintessencial, os norte-americanos sempre celebraram a ciência, a tecnologia e o *self-made man*. Hoje, o Vale do Silício é uma fábrica de sonhos, gerando uma riqueza espetacular e produzindo a crença na mudança utópica por meio de tecnologias avançadas.

Um colapso, seguido pela reconstrução revolucionária, poderia ocorrer muito mais rápido do que pensamos. Nas palavras do Dr. Silvester Krcmery, um dos discípulos do padre Kolakovic:

> *Vivemos, satisfeitos e seguros, com a ideia de que, em um país civilizado e no ambiente mais culto e democrático de nossos tempos, tal regime coercitivo é impossível. Esquecemo-nos de que, em países instáveis, uma certa estrutura política pode levar à doutrinação e ao terror, onde elementos individuais e fases de lavagem cerebral já estão implementados. Isso, a princípio, é imper-*

*ceptível. No entanto, geralmente em um período muito curto, pode desenvolver-se em um sistema totalitário completamente não democrático.*²⁶

É necessário apenas um catalisador — como a guerra, uma depressão econômica, uma praga ou qualquer outra crise severa e prolongada — que traga a legitimidade do sistema democrático liberal à cena. Como alertou Arendt, mais de meio século atrás:

> *Somos todos tentados a explicar o intrinsecamente inacreditável por meio da racionalização. Em cada um de nós, existe um liberal que procura nos persuadir com a voz do bom senso. O caminho do domínio totalitário passa por vários estágios intermediários nos quais podemos encontrar muitas analogias e precedentes. [...] O que o bom senso e as "pessoas normais" se recusam a crer é que tudo é possível.*²⁷

Os Guerreiros da Justiça Social e os teóricos de sua causa não são "pessoas normais" que vivem baseados no senso comum. A crença fanática no progresso é uma força impulsionadora por trás de sua utopia febril. A ideologia do progresso, que está entre nós com diversas faces desde o Iluminismo, explica seu fanatismo confiante. Também explica por que tantas pessoas normais, que não estão especialmente engajadas na política, acham difícil dizer não às demandas dos GJS. Não podemos entender a sedução hipnotizante do totalitarismo esquerdista, ou descobrir qual é a melhor maneira de resistir a seus defensores, a menos que vejamos seus defensores mais dedicados como cultistas devotados ao Mito do Progresso.

CAPÍTULO TRÊS

O Progressivismo Como Religião

> "As pessoas fascinadas pela ideia do progresso
> nunca suspeitam que cada passo à frente é também
> um passo no caminho para o fim."
>
> **MILAN KUNDERA,** *O LIVRO DO RISO E DO ESQUECIMENTO*[1]

Em 1905, a alta sociedade de Moscou ofereceu um banquete em honra ao produtor teatral Sergei Diaghilev no Hotel Metropol da cidade. Diaghilev tinha sido recentemente o curador de uma exibição épica em São Petersburgo de retratos que selecionara em extensas visitas aos lares dos ricos. O jantar era para celebrar seu sucesso. Ele sabia que a Rússia estava à beira de algo grandioso. Levantou-se e fez seu brinde:

> *Somos testemunhas do maior momento de expressão da história, em nome de uma nova e desconhecida cultura, que será criada por nós e que também nos destruirá. É por isso que, com temor ou receio, ergo minha taça aos*

muros caídos dos belos palácios, assim como aos novos mandamentos de uma nova estética. O único desejo que eu, um sensualista incorrigível, posso expressar, é o de que a batalha vindoura não prejudique as amenidades da vida, e que a morte seja tão bela e reveladora quanto a ressurreição.[2]

O que os jovens artistas, intelectuais e a elite cultural da Rússia esperavam era o fim da autocracia, da divisão de classes e da religião, e o advento de um mundo de liberalismo, de igualdade e de secularismo. O que obtiveram, no entanto, foi a ditadura, os gulags e o extermínio da liberdade de fala e de expressão. Os comunistas haviam vendido sua ideologia a otimistas ingênuos como sendo a versão mais completa daquilo que todas as pessoas modernas queriam: o progresso.

A era moderna foi construída sobre o Mito do Progresso. Por "mito", quero dizer que o conceito do progresso histórico é fundamental à era moderna, e incorporado na história que contamos a nós mesmos para compreendermos nossa época e nosso lugar nela. Os fiéis do Mito do Progresso sustentam que o presente é melhor do que o passado, e que o futuro será *inevitavelmente* melhor do que o presente.

Tal mito é uma ferramenta poderosa nas mãos dos totalitários em potencial. Ele oferece uma fonte transcendental de legitimação para suas ações, e enquadra a oposição como sendo retrógrada e ignorante. Entender como os comunistas manipularam o Mito do Progresso é importante para compreender como os progressistas atuais passam por cima da oposição.

A Grande Marcha

Aqueles que estavam mergulhados nos ensinamentos de Marx acreditavam que o comunismo era inevitável, pois a história — uma força com poderes divinos de determinismo — assim o demandava. Kundera diz que aquilo que define um esquerdista (de qualquer tipo — socialistas, comunistas, trotskistas, liberais e assim por diante) é a crença compartilhada de que a humanidade está em uma "Grande Marcha" rumo ao progresso:

> "A Grande Marcha é aquela soberba caminhada sempre em frente, a caminhada em direção à fraternidade, à igualdade, à justiça, e ainda mais para lá, apesar de todos os obstáculos, porque, para a marcha ser a Grande Marcha, é preciso que haja obstáculos."[3]

Se o progresso é inevitável, e se o Partido Comunista é o líder da Grande Marcha da sociedade rumo ao futuro progressista, portanto, diz a teoria, resistir ao Partido é colocar-se contra o futuro — de fato, contra a própria realidade. Aqueles que se opõem ao Partido também se opõem ao progresso e à liberdade, e alinham-se com a ganância, com o atraso, com a intolerância e com todas as formas de injustiça. Quão necessário — e, certamente, quão nobre — é que o Partido intimide tais blocos decadentes da Grande Marcha, aplainando e suavizando a estrada para o amanhã.

"Havia uma propaganda constante sobre como o comunismo estava mudando as vilas para melhor", relembra Tamas Salyi, professor de inglês em Budapeste, sobre sua juventude na Hungria. "Sempre havia filmes sobre o fazendeiro aprendendo a melhorar de vida com a nova tecnologia. Os que a rejeitavam eram [retratados como] uma ameaça a suas famílias. Há diversos exemplos de como tudo o que é antigo e tradicional impedia a vida de ser boa e feliz."

Assim, o Mito do Progresso torna-se uma justificativa para o exercício do poder ditatorial de modo a eliminar toda a oposição. Hoje, o totalitarismo equivale a uma arregimentação estrita e forçada da Grande Marcha rumo ao progresso. É o método por meio do qual os verdadeiros fiéis do progresso almejam manter toda a sociedade movendo-se para a frente, sincronizada em direção à utopia, tanto em suas ações externas como em seus pensamentos mais íntimos.

A Modernidade é Progresso

Lamentavelmente, a devoção ao ideal do progresso não começou com Marx e não é limitada aos marxistas. O direitista suburbano mais ardente é tão fiel ao Mito do Progresso quanto os professores trotskistas mais rigidamente ideológicos. Como o historiador Yuri Slezkine escreve: "A [fé] no progresso é tão básica à modernidade como a Segunda Vinda era ao cristianismo."[4]

O que separa os liberais clássicos (tanto os de esquerda quanto os de direita) dos socialistas e dos comunistas é o objetivo final do progresso, e o quanto acreditam que o Estado deveria se envolver para guiá-lo. Os liberais clássicos estão mais preocupados com a liberdade individual, enquanto os esquerdistas abraçam a igualdade do resultado. E os liberais clássicos são favoráveis a um papel mais ou menos limitado do governo, enquanto os esquerdistas acreditam que, para alcançar sua visão de justiça e de virtude, é necessário haver um domínio maior do Estado.

O presidente Barack Obama referenciou o Mito do Progresso quando popularizou uma frase de Martin Luther King: "O arco moral do Universo é longo, mas se inclina para a justiça." Durante seu discurso de posse para o segundo mandato presidencial, George W. Bush expressou sua fé nessa ideia quando declarou que os Estados Unidos são uma vanguarda da democracia liberal global.

"Há apenas uma força histórica que pode quebrar o reinado do ódio e do ressentimento", afirmou ele, "e expõe as pretensões dos tiranos, recompensando as esperanças das pessoas decentes e tolerantes, que é a força da liberdade humana".[5]

A guerra de Bush para libertar o Iraque, de modo a conquistar a democracia liberal, fracassou, mas beber muito de tal retórica inebriante facilita que as pessoas se esqueçam dessas coisas. Isso não se dá necessariamente porque somos tolos; o Mito do Progresso está escrito em nosso DNA cultural. Talvez, nenhum outro país da Terra seja tão orientado ao futuro quanto os Estados Unidos da América. Somos crédulos no Mito do Progresso — mas, para ser justo, temos razão para tanto.

Ao longo do período relativamente curto da história do país e após duras batalhas, a democracia liberal e o capitalismo criaram um dos padrões de vida mais altos do mundo, garantindo os direitos civis e expandindo a liberdade pessoal para todos. Até pouco tempo atrás, os norte-americanos negros eram proibidos, em algumas partes do país, de votar ou de comer no mesmo restaurante que os brancos. Isso terminou, em grande parte porque o governo federal finalmente agiu para fazer com que as promessas da Constituição fossem boas para os negros também. O progresso é real e tangível.

Também acreditamos no progresso devido a suas raízes judaico-cristãs. A maioria das culturas antigas tem uma visão cíclica da história, mas a religião dos hebreus — e suas ramificações, o cristianismo e o islamismo — descreve a história como um movimento em uma direção linear, saindo da criação e chegando à redenção final. No cristianismo, tal redenção virá após o Apocalipse e o Julgamento Final, no qual a justiça divina triunfará.

O progresso pode ser real, e, para os cristãos, pelo menos, a história está caminhando para um final glorioso (após um apocalipse violento), mas isso não quer dizer que todas as mudanças inevitavelmente são melhores que o passado. Também não quer dizer que "progresso", separado de Deus, é sequer progresso. Na verdade, o progresso pode tornar-se muito sombrio em um contexto secular, sem uma compreensão bíblica da falibilidade humana e sem o Deus da Bíblia como o autor da história e o julgador da Terra.

O progressismo atual tem suas raízes no Iluminismo, do século XVIII, quando seus expoentes continentais mais radicais secularizaram a esperança cristã ao substituir a fé em Deus pela fé no homem — especialmente na ciência e na tecnologia. Henri de Saint-Simon (1760–1825) foi um pensador francês que se tornou um dos fundadores do socialismo. Ele e seu camarada Auguste Comte (1798–1857) foram expoentes do positivismo, uma filosofia criada sobre a ideia de que a ciência é a fonte de todo o conhecimento oficial.

Os positivistas acreditavam que a história era basicamente a história do avanço da ciência e da tecnologia. Eles acreditavam que a ciência, mais cedo ou mais tarde, terminaria com todo o sofrimento material. E, com o avanço da ciência, também haveria o avanço da moralidade, porque ela seria baseada em conhecimento científico, e não na religião e nos costumes.

Na Inglaterra, o filósofo John Stuart Mill (1806–1873) incorporou o positivismo na tradição política liberal clássica. Na Alemanha, Karl Marx colocou-o em uso para criar uma política radical. Marx e seus discípulos substituíram a fé cristã em uma recompensa no céu pela crença de que a perfeição poderia — e é o que inevitavelmente aconteceria — ser estabelecida nesta Terra, após um apocalipse cruel, e por meio da aplicação da ciência e da política baseada nela.

Embora os marxistas tenham levado o positivismo em uma direção extrema e utópica, os valores positivistas estão na base do liberalismo do livre mercado. Ambas as tradições acreditam que a ciência conduz ao progresso, e que o progresso pode ser mensurado pelo alívio das necessidades materiais. O filósofo contemporâneo John Gray diz que há uma distância muito menor do que gostaríamos entre os democratas liberais e os marxistas.

"A tecnologia — a aplicação prática do conhecimento científico — produz uma convergência em valores. Esse é o mito moderno central propagado pelos positivistas, e atualmente todos o aceitam como fato."⁶

O sonho americano original — sustentado pelos colonizadores puritanos no século XVII — era religioso: estabelecer a liberdade como a condição que lhes permitia adorar e servir a Deus conforme ditava suas consciências. Hoje, o sonho americano não é um ideal religioso, mas um sonho mais informado pelo positivismo do que pelo cristianismo. Para a maioria das pessoas, o termo significa estabilidade financeira e material, e a liberdade de criar a vida desejada. O ideal puritano era usar a liberdade para viver pela virtude, como definida pelas Escrituras cristãs; o ideal norte-americano moderno é usar a liberdade para alcançar o bem-estar, como definido pelo Sagrado Individual, ou seja, um Eu que é totalmente o produto da escolha e do consentimento. O Mito do Progresso ensina que a ciência e que a tecnologia empoderarão as pessoas, desimpedidas pelos limites impostos pela religião e pela tradição, para que consigam realizar seus desejos.

Na política moderna, qualquer um que seja retratado como oponente do progresso estará em desvantagem. Opor-se ao progresso, ser contra a mudança, é colocar-se contra a ordem natural das coisas. Nas democracias liberais, a luta entre a direita e a esquerda é de fato uma disputa entre progressistas conservadores e radicais pela velocidade e pelos detalhes da mudança. O que não está em disputa é a crença compartilhada de que uma sociedade boa é aquela na qual as pessoas têm dinheiro e autonomia pessoal suficientes para fazerem o que bem quiserem.

O Progresso como Religião

Para os devotos liberais clássicos do Mito do Progresso, a sociedade ideal é aquela na qual todos têm a mesma liberdade de escolha. Para os radicais, é aquela na qual todos vivam com igualdade de resultados. A crença de que as circunstâncias individuais podem ser melhoradas pelo esforço humano coletivo, no entanto, é um poderoso motivador político. É difícil ver isso sob a perspectiva do século XXI, mas acreditar que a pobreza, a doença e a opressão não estão definidas como o destino de alguém foi um conceito revolucionário na história humana. Tal crença deu esperança pelo futuro às pessoas cujos ancestrais vagamente conheciam outra coisa a não ser as necessidades e o sofrimento.

Marx comparou a religião a uma droga porque ela embotava a dor na vida das massas e, nessa ótica, tirava delas a consciência de que tinham o poder de reverter a ordem social que as tornava miseráveis. Diferentemente dos progressistas da tradição liberal, Marx e seus colegas radicais prometeram que a política radical, aproveitando o poder da ciência e da tecnologia, realmente conseguiria estabelecer o céu na Terra. Eram ateus que acreditavam que o homem poderia ser igual a Deus.

Sendo uma perversão da religião, o progresso como ideologia é um bálsamo para os carentes corações humanos. Como Milozs e outros dissidentes testemunham, o comunismo atendeu a um anseio basicamente religioso nas almas de incansáveis jovens intelectuais. O progressismo em todas suas formas apela ao mesmo desejo dos jovens intelectuais de hoje — ambos seculares, e aqueles dentro das igrejas que estão alienados às tradições eclesiásticas oficiais. É por isso que o cristianismo atual deve entender que, basicamente, não está resistindo a uma política diferente, mas ao que é, de fato, uma religião rival.

Foi o mesmo que ocorreu com os jovens russos do final do século XIX, que abraçaram o marxismo com o fervor de religiosos convertidos. Aos seus devotos, ele deu uma narrativa que os ajudava a entender por que as coisas são como são e o que eles, como marxistas, deveriam fazer para gerar um mundo mais justo. Era uma filosofia otimista, que prometia alívio e recompensa para todos os povos do mundo.

Para criar a utopia, os marxistas primeiramente tiveram que derrotar o cristianismo, visto por eles como uma religião falsa que santificava a classe dominante e que mantinha os pobres sendo supersticiosos e facilmente controláveis. Os radicais russos também odiavam os denominados "filisteus" — palavra por eles usada para denominar as pessoas deploráveis que viviam suas vidas sem pensar em nada mais nobre ou maior. A *intelligentsia* radical considerava os "filisteus" como seus totais opositores: os Golias animalescos e rudes contra seus espertos Davis. Eles odiavam os filisteus com total intensidade — sem dúvidas, em parte porque muitos deles vieram de tais famílias.

Os confortáveis filisteus não eram o tipo de pessoas preparadas para sofrer e morrer por suas crenças. Os bolcheviques eram. O governo czarista enviou muitos de seus líderes para o exílio na Sibéria, o que não os derrotou, mas os deixou mais fortes.

"O exílio representava o sofrimento, a intimidade e a sublime imensidão das profundezas celestiais. Ele oferecia uma metáfora perfeita tanto para o que estava errado no 'mundo das mentiras' como para o que era central à promessa do socialismo", escreve o historiador Yuri Slezkine.[7] Ser um revolucionário naqueles dias era compartilhar um sentido de propósito, de comunidade e de esperança — e um laço eletrizante de desdém, um desdém que vemos no movimento da justiça social atualmente contra qualquer um que difere de suas reivindicações religiosas.

Como Slezkine dissera, a fé cristã e o totalitarismo compartilham de uma preocupação fundamental com a alma humana. O cristianismo e o comunismo — que é a forma mais radical do progressismo — são mais bem compreendidos como religiões concorrentes. Apesar de os cristãos teologicamente progressistas serem consideradas pessoas iludidas por opção, tanto o cristianismo quanto o niilismo despreocupado, que caracteriza o progressismo em nossa era pós-cristã, vão pelo mesmo caminho.

Caçadores de Heresias em Nosso Meio

Em 2019, visitei, no que acabou sendo o último verão de sua vida, o intelectual público inglês Sir Roger Scruton, por causa de seu trabalho na década de 1980 apoiando os dissidentes no Leste Europeu. Ele foi fundamental para ajudar a estabelecer uma universidade clandestina em Praga. Sendo o acadêmico conservador mais conhecido da Grã-Bretanha, ele emergiu subsequentemente como um dos críticos mais contundentes e articulados do que denominamos de "politicamente correto" — em partes porque, não raro, foi sua vítima.

Acomodando-se na biblioteca de sua propriedade rural localizada em Wiltshire, Sir Roger concordou que não estamos lutando uma batalha política, mas religiosa. "Não há nada oficial a respeito disso, mas tudo se solidifica em torno de um conjunto de doutrinas que não temos nenhuma dificuldade para reconhecer."

Ele explicou que, no emergente totalitarismo brando, qualquer pensamento ou comportamento identificável com o de um membro expulso de algum grupo favorecido pela esquerda está sujeito a uma dura condenação. Tal "doutrina oficial" não é imposta de cima pelo regime, mas surge do consenso esquerdista que vem de baixo, com uma aplicação severa na forma de caça às bruxas e de bodes expiatórios.

"Se você sair da linha, especialmente se estiver no âmbito de formador de opinião como jornalista ou acadêmico, então o objetivo é impedir que sua voz seja ouvida", disse Scruton. "Assim, você será expulso de qualquer posição de ensino que ocupe ou, como o que aconteceu comigo recentemente, será transformado no assunto de uma entrevista completamente falaciosa e inventada, usada para acusá-lo de todos os crimes de pensamento."

Scruton referia-se a um jornalista esquerdista a quem dera uma entrevista. O jornalista fez isso para que Scruton parecesse ser preconceituoso, e gabou-se nas redes sociais de que tinha acabado com um "racista e homofóbico". Felizmente, apareceu uma gravação da entrevista, inocentando Sir Roger. Muitos outros de nossa época que são acusados de semelhantes crimes de pensamento — termo de Orwell para ofensas ideológicas — não têm a mesma sorte.

Scruton disse-me que os crimes de pensamento — heresias, dito de outro modo —, por sua própria natureza, transformam a acusação e a culpa em uma mesma coisa. Ele percebeu isso em suas viagens pelo mundo comunista, cujo objetivo era manter o sistema funcionando com o mínimo esforço.

"Para tal propósito, havia os crimes de pensamentos inventados frequentemente por meio dos quais pegariam o inimigo do povo", informou ele. "Na minha época era a 'Conspiração Imperialista Sionista'. Você poderia ser acusado de ser membro dela, e de modo algum alguém conseguiria encontrar uma defesa contra a acusação, porque ninguém sabia o que era aquilo!"

"É exatamente como a 'homofobia' ou a 'islamofobia', esses novos crimes de pensamento", continuou Scruton. "Mas que raios eles significam? E, então, todos podem tomar parte no apedrejamento eletrônico contra o bode expiatório e nunca serem responsabilizados por isso, pois não é necessário provar a acusação."

Os limites do crime de pensamento atual se expandem constantemente — homofobia, islamofobia, transfobia, bifobia, gordofobia, racismo, capacitismo, e a lista continua —, dificultando saber quando estamos caminhando em solo seguro e quando estamos prestes a pisar em solo minado. Contudo, Scruton está certo: todos esses crimes de pensamento são derivados das "doutrinas" — palavra dele — que são familiares a todos nós. Tais doutrinas influenciam o impulso ideológico subjacente ao totalitarismo brando de nossa própria época tão certamente quanto as doutrinas de Marx sobre a luta de classes o fizeram com o totalitarismo duro na era soviética.

Imagine um trabalhador que acabou de começar em uma empresa listada na Fortune 500, ou um professor universitário ainda sem estabilidade, sofrendo ao assistir ao milionésimo workshop sobre diversidade, igualdade e inclusão, e dando seu melhor para não suspeitarem de que é um dissidente. Na verdade, não preciso imaginar tudo isso. Como jornalista que escreve sobre essas questões, geralmente ouço histórias de pessoas — profissionais como acadêmicos, médicos, advogados, engenheiros — que vivem "no armário" por serem conservadores religiosos ou sociais. Eles sabem que dissidir de um regime progressista no ambiente de trabalho, ou até mesmo ser suspeito de dissidência, provavelmente significaria queimar suas carreiras na fogueira.

Por exemplo, um acadêmico norte-americano que estudou o comunismo russo disse-me que participou de uma reunião na qual o departamento de recursos humanos decidiu exigir dos candidatos a vagas de trabalho uma declaração formal de lealdade à ideologia da diversidade — muito embora isso não tenha nada a ver com as capacidades acadêmicas ou de ensino.

O professor caracterizou isso como uma forma de macartismo para eliminar os dissidentes do mercado de trabalho e para avisar àqueles que já estivessem na equipe que serão monitorados, para que não se desviem da linha partidária da justiça social.

Assim é a forma branda do totalitarismo. Aqui temos a mesma lógica duramente estabelecida: em 1919, Lênin desencadeou o Terror Vermelho, uma campanha de aniquilação contra aqueles que resistiram ao poder bolchevique. Martin Latsis, chefe da polícia secreta da Ucrânia, instruiu seus agentes:

> *Não busquem nos arquivos de evidências incriminatórias para ver se o acusado colocou-se ou não contra os soviéticos com armas ou palavras. Em vez disso, perguntem à qual classe ele pertence, qual é sua origem, sua educação e sua profissão. Essas são as perguntas que determinarão o destino do acusado. Tal é o significado e a essência do Terror Vermelho.*[8]

Observe bem que as palavras e os atos do indivíduo não têm nada a ver com a determinação de sua culpa ou inocência. A pessoa seria considerada culpada com base total em sua classe e em seu status social. Uma revolução que começou como uma tentativa de consertar as injustiças históricas tornou-se rapidamente um exercício exterminador vindo de um poder bruto. Os comunistas justificavam o encarceramento, a ruína e até mesmo a execução de pessoas que atrapalhavam o progresso como sendo ações necessárias para estabelecer a justiça histórica contra supostos exploradores do privilégio.

Uma forma mais branda e sem derramamento de sangue está operante nas instituições ocidentais. Os progressistas da justiça social avançam seu conceito maligno de justiça em parte para aterrorizar os dissidentes tão completamente quanto qualquer inquisidor que está caçando inimigos da ortodoxia religiosa.

Entendendo o Culto da Justiça Social

No capítulo anterior, analisamos rapidamente como os Guerreiros da Justiça Social exercem em nossa sociedade um papel semelhante àquele exercido pelos bolcheviques no final do Império Russo e esboçamos um perfil do típico GJS. Talvez nenhum intelectual público tenha pensado de maneira tão aprofundada sobre a natureza fundamentalmente religiosa desses militantes progressistas quanto James A. Lindsay, ateu e acadêmico de matemática.

Lindsay sustenta que a justiça social satisfaz às mesmas necessidades psicológicas e sociais que a religião outrora satisfazia, mas que não consegue mais fazê-lo. E, como as religiões convencionais, ela depende de afirmações axiomáticas que não podem ser falsificadas, mas apenas aceitas como verdades reveladas. É por isso que debater com tais fanáticos é tão produtivo quanto participar de uma disputa teológica com um sínodo de divinos talibãs. Para os inquisidores da justiça social, o "diálogo" é o processo pelo qual os oponentes confessam seus pecados e submetem-se amedrontados e trementes ao credo da justiça social.

Os Guerreiros da Justiça Social são membros do que Lindsay denomina de "comunidade moral ideologicamente motivada". Longe de serem relativistas morais, os GJS são verdadeiramente rigoristas, com uma profunda e duradoura preocupação com a pureza, e não hesitam em fazer cumprir suas crenças sacrossantas. Essas crenças dão significado e direção às suas vidas, fornecendo um senso de missão compartilhada.

Quais são essas crenças? Um catecismo aproximado, com base na análise de Lindsay,[9] é mais ou menos assim:

O FATO CENTRAL A RESPEITO DA EXISTÊNCIA HUMANA É O PODER E COMO ELE É USADO.

A política é a arte e a ciência de como o poder é distribuído e exercido em uma sociedade. Para os GJS, tudo na vida é entendido por meio das relações de poder. A justiça social é a missão de reorganizar a sociedade para criar relações de poder mais igualitárias (justas). Aqueles que resistem à justiça social estão praticando ódio, e com eles não se pode dialogar, e eles nem podem ser tolerados, de qualquer maneira, apenas conquistados.

NÃO EXISTE ESSA COISA DE VERDADE OBJETIVA; HÁ APENAS O PODER.

Quem decide o que é verdadeiro e o que é falso? Aqueles que estão no poder. As afirmações religiosas, os argumentos filosóficos, as teorias políticas — são todos véus que escondem a vontade de poder. São apenas racionalizações de opressores para manterem o poder sobre o oprimido. O valor das afirmações da verdade depende de quem as profere.

A POLÍTICA DE IDENTIDADE SEPARA OPRIMIDOS DE OPRESSORES.

No marxismo clássico, a burguesia é o opressor, e o proletariado é o oprimido. No culto da justiça social, os opressores geralmente são brancos, homens, heterossexuais e cristãos. Os oprimidos são as minorias raciais, sexuais e religiosas e mulheres. (Curiosamente, os pobres estão relativamente baixos na hierarquia da opressão. Por exemplo, um homem evangélico branco, portador de deficiência e que não tem onde morar é um opressor; uma professora negra e lésbica em uma universidade bem conceituada é uma oprimida.) A justiça não é uma questão de descobrir o que é corretamente devido a um indivíduo *per se,* mas o que é devido a um indivíduo como portador de uma identidade de grupo.

A INTERSECCIONALIDADE É O ECUMENISMO DA JUSTIÇA SOCIAL.

As pessoas que portam identidades dentro da denominada "matriz da opressão" conectam interseccionalmente suas identidades com as das outras. O conceito é o de que todos os oprimidos pelas classes privilegiadas — o patriarcado, a branquitude etc. — estão conectados em virtude de sua opressão e deveriam desafiar o poder como uma frente unida. Caso alguém não seja um membro de um grupo oprimido, pode se tornar um "aliado" na luta pelo poder.

A LINGUAGEM CRIA AS REALIDADES HUMANAS.

Os GJS acreditam que a natureza humana é construída, em grande parte pelo uso de convenções linguísticas. É por isso que focam imensamente os "discursos" — quer dizer, o estilo e o conteúdo dos modos de expressão, que, na visão deles, legitimam certas formas de ser e deslegitimam outras. Os GJS policiam de perto a palavra falada e escrita, condenando o discurso que os ofende como uma forma de violência.

Os conservadores, os liberais à moda antiga e outros que estão fora do movimento da justiça social frequentemente fracassam ao tentar responder às afirmações agressivas de seus proponentes. Isso se dá porque presumem que os GJS, que em geral não são religiosos, operam sob os padrões estabelecidos do discurso liberal secular, com seu respeito ao raciocínio discursivo.

Um exemplo memorável foi o confronto ocorrido em 2015 entre os professores da Universidade de Yale, Nicholas e Erika Christakis, e os alunos enfurecidos da faculdade comunitária tutelados pelo casal. As coisas ficaram muito ruins para os Christakis, liberais à moda antiga que erraram ao pensar que os alunos poderiam ser engajados com as ferramentas e os procedimentos da razão. Lamentavelmente, os alunos estavam sob o domínio da justiça social. Sendo assim, consideravam suas crenças subjetivas como uma forma de conhecimento incontestável, e a discordância, como um ataque às suas identidades.

Alguns conservadores acreditam que mesmo os GJS deveriam ser contrapostos com argumentos superiores, e que, se os conservadores permanecerem com o procedimentalismo liberal, prevalecerão. Esse é um erro fundamental que cega os conservadores da natureza radical da ameaça. Não é possível saber como julgar e agir perante tais desafios se não podemos ver os Guerreiros da Justiça Social pelo que realmente são — e onde atuam. É fácil identificar o aluno histérico dentro dos muros universitários, mas é mais importante conseguir detectar a presença subversiva dos GJS mais velhos e de seus companheiros de jornada em todas as burocracias institucionais, onde exercem um enorme poder.

A Justiça Social e o Cristianismo

O termo "justiça social" é associado há tempos com o cristianismo, especialmente com o cristianismo católico (o termo foi cunhado por um jesuíta no século XIX), embora agora ele tenha sido adotado por evangélicos mais jovens. No ensino social católico, a "justiça social" é a ideia de que os indivíduos têm a responsabilidade de trabalhar pelo bem comum, de modo que todos possam viver dignamente como criaturas feitas à imagem de Deus. Na visão tradicional, a justiça social trata de enfrentar as barreiras sociais à justiça entre os grupos de determinada sociedade. Ela está baseada em grande parte nos ensinamentos de Cristo sobre a importância da misericórdia e da compaixão para com os pobres e os rejeitados.

Porém, é difícil reconciliar a justiça social com seus ideais seculares. Primeiramente, ela depende do conceito bíblico sobre o que é um ser humano — incluindo o propósito para o qual todas as pessoas foram criadas. Isso supõe uma ordem moral transcendental, proclamada nas Escrituras e, dependendo da confissão pessoal, nos ensinamentos oficiais da igreja. Uma ordem social justa é aquela que facilita que as pessoas sejam boas.

Peter Maurin, cofundador do movimento dos Trabalhadores Católicos, era um verdadeiro Guerreiro da Justiça Social cristã. (Curiosamente, o padre Kolakovic apresentou os escritos de Maurin para sua Família na Bratislava.) Maurin fez uma distinção entre a justiça social cristã e a visão marxista, sem Deus. Para os marxistas, a justiça social significava uma distribuição igualitária dos bens materiais da sociedade. Por contraste, a justiça social cristã buscava criar condições de solidariedade que capacitavam todas as pessoas — tanto ricas como pobres — a viverem em solidariedade e caridade mútua como peregrinas na jornada rumo à unidade com Cristo.

Em nossa época, a justiça social secular foi despojada de sua dimensão cristã. Como eles defendem um código particular de moralidade sexual e de categorias de gênero, os cristãos são vistos pelos progressistas como inimigos da justiça social. O filósofo católico Michael Hanby perspicazmente relaciona o radicalismo sexual às raízes científicas do Mito do Progresso. Ele escreveu que "a revolução sexual é, no fundo, a revolução tecnológica e sua guerra perpétua contra os limites naturais aplicados externamente ao corpo e internamente à nossa autocompreensão".[10]

Sem o cristianismo e sem sua crença na falibilidade da natureza humana, os progressistas seculares tendem a reorganizar seus preconceitos e a chamá-los de retidão. O cristianismo ensina que todas as pessoas — e não apenas os ricos, poderosos, héteros, brancos e todos os outros denominados opressores — são pecadoras e que precisam de um Redentor. Todas as pessoas são chamadas à confissão e ao arrependimento. A "justiça social" que projeta a iniquidade unicamente em grupos definidos é uma perversão do ensinamento cristão. Reduzir o indivíduo ao seu status econômico ou à sua identidade racial, sexual ou de gênero é um erro antropológico. É inverídico e, portanto, injusto.

Além do mais, para os cristãos, nenhuma ordem que negue o pecado, erguendo estruturas ou aprovando práticas que alienam o homem de seu Criador, pode jamais ser justa. Contrário à ideia dos ativistas seculares da justiça social, proteger o direito ao aborto será sempre injusto. E assim, qualquer proposta — como o casamento entre pessoas do mesmo sexo — que ratifique o pecado e destrua a família natural. Em uma encíclica de 1986, João Paulo II denunciou um "espírito das trevas" que enganosamente propõe "Deus como um inimigo de sua própria criatura e, em primeiro lugar, como um inimigo do homem, como uma fonte de perigo e ameaça a ele".[11] Os cristãos não podem apoiar qualquer forma de justiça social que negue os ensinamentos bíblicos. Isso inclui os esquemas que aplicam as categorias da política de identidade à vida da Igreja. Por exemplo, responder a chamados para "descolonizar" a Igreja significa impor categorias de política de identidade na teologia e no culto, transformando a fé em uma oração da esquerda radical.

Os fiéis cristãos devem trabalhar pela justiça social, mas só podem fazê-lo no contexto de fidelidade à completa moral e à visão teológica cristãs, por meio das quais compreendemos o significado da justiça. Qualquer campanha de justiça social que sugira que o Deus da Bíblia é um inimigo do homem e de sua felicidade é fraudulenta e deve ser rejeitada.

De Volta para o Futuro?

Precisamos nos despojar dessa nostalgia paralisante pelo futuro, sobretudo do hábito que nós, ocidentais, um povo naturalmente otimista, temos de presumir que tudo acabará dando certo. Diaghilev e seus colegas naquele banquete de 1905 não faziam ideia de que a morte à qual fizeram seu brinde significaria o assassinato de milhões por meio das balas dos executores e pela fome engendrada. Ele estava vivendo no exterior durante a Revolução Russa, mas, ao ver a destruição causada pelos bolcheviques, nunca voltou para casa.

Por outro lado, até mesmo quando os fatos nos dão poucos motivos para o otimismo, nós, cristãos, não devemos abrir mão da esperança. Oito décadas após aquele banquete em Moscou, quando Mikhail Gorbachev assumiu o poder no Kremlin, perto dali, os escravizados de todo o império soviético não estavam cientes de que o vasto mecanismo do totalitarismo estava corroído até suas entranhas e que cairia em breve. Na verdade, Flagg Taylor, cientista político norte-americano que estuda a contracultura tcheca, contou-me que nem um único líder dissidente que entrevistou para sua pesquisa esperava que a queda do comunismo ocorreria durante suas vidas.

Vlado Palko, acadêmico eslovaco que permaneceu na praça em Bratislava enfrentando a polícia com seus canhões de água na Manifestação das Velas, era um deles. Ele estava com medo naquela noite, em 1988, e não tinha motivos para crer que o protesto convocado pela igreja da resistência surtiria qualquer efeito. Porém, disse à esposa antes de sair de seu apartamento rumo à praça que sua dignidade como homem dependia de estar ao lado dos colegas cristãos, com uma vela em mãos, e orar abertamente pela liberdade.

"Na época, eu achava que o comunismo duraria pelos próximos mil anos", conta ele. "A verdade é que isso não aconteceu. E devemos ter essa esperança hoje, sob tal tirania branda do politicamente correto. Isso acabará. A verdade tem o poder de acabar com todos os tiranos."

Palko e os outros estavam em boa companhia. Praticamente todos os especialistas ocidentais, acadêmicos que passaram a vida estudando o comunismo soviético, não conseguiram prever seu rápido fim. Nunca sabemos quando a história produzirá ícones como Lech Walesa, Alexander Soljenítsin, Karol Wojtyla, Vaclav Havel e todos os outros heróis menos conhecidos da resistência. Eles lutaram pela verdade e pela justiça, não com a esperança de alcançar a vitória durante suas vidas, mas porque era a coisa certa a se fazer.

Não é necessário ser um veterano da Guerra Fria para perceber que uma noção do progresso que dependa de campos de trabalho, de informantes da polícia e que tenha que tornar todos igualmente pobres para alcançar a justiça e a igualdade é falsa. Contudo, é muito mais difícil colocar-se contra a versão mais branda. Parece haver um fluxo natural vindo do Mito do Progresso, conforme ele tem sido vivido em nossa democracia de consumo em massa, que, por gerações, definiu o progresso como a libertação do ser humano de seus limites. Mas é exatamente isso que os cristãos tradicionais devem fazer, embora para muitos isso signifique ter que desaprender os mitos políticos que foram absorvidos sem qualquer crítica em uma cultura que, até bem recentemente, pensava e raciocinava em amplas categorias cristãs. Considere que o Movimento pelos Direitos Civis, da década de 1960, foi liderado por pregadores negros, que articularam o sofrimento de seu povo por meio da linguagem bíblica e de suas histórias.

Aqueles dias acabaram, e não conseguiremos mensurar a longa batalha à frente se não entendermos a natureza essencial da oposição. Ela considera os cristãos como os obstáculos remanescentes mais significativos perante a Grande Marcha, portadores das antigas e apodrecidas crenças que impedem as pessoas de serem livres e felizes. Onde quer que nos escondamos, eles nos seguirão, nos encontrarão e nos punirão se isso for o necessário para tornar este mundo mais perfeito. E isso nos leva ao último fator crucial para a compreensão do desafio radical perante o cristianismo e para discernir as estratégias da resistência: o poder e o alcance da tecnologia de monitoramento.

CAPÍTULO QUATRO

Capitalismo, Desperto e Atento

Kamila Bendova sentou-se na poltrona de seu apartamento, em Praga, onde ela e o falecido marido, Vaclav, costumavam realizar seminários clandestinos para fortalecer o movimento dissidente anticomunista. Já se vão trinta anos desde a queda do comunismo, mas Bendova não pretende diminuir sua vigilância a respeito das ameaças à liberdade. Mencionei a ela que milhões de ocidentais têm instalados em suas casas os chamados "autofalantes inteligentes", ou *smart speakers*, que monitoram as conversas de modo a deixar a vida doméstica mais conveniente. Ela mostrou uma repulsa visível. Sua expressão de estarrecimento passava uma mensagem clara: *Como os ocidentais são tão ingênuos?*

Para estar livre para dizer a verdade, ela me disse, é necessário criar para si mesmo uma zona inviolável de privacidade. Ela recordou-me de que a polícia secreta grampeou seu apartamento, e que ela e a família tiveram que viver com a constante sensação de que o governo estava ouvindo cada som que faziam. A ideia de que qualquer pessoa receberia de braços abertos em seus lares um dispositivo comercial que grava as conversas e as transmite para um terceiro é horripilante para ela. Não há conveniência de consumo que valha tal risco.

"Informação significa poder", afirma Kamila. "Sabemos, da vida que tivemos sob o regime totalitário, que se você sabe algo sobre alguém, é possível manipular essa pessoa. Podemos usar isso contra ela. A polícia secreta tem evidências de tudo assim. Eles poderiam usar isso tudo contra você. Qualquer coisa!"

Kamila apontou as marcas nas paredes da sala de estar de seu apartamento, em Praga, onde, após o fim do comunismo, ela e o marido arrancaram os fios que a polícia secreta usava para grampear seu lar. O fato é que ninguém da família Bendova usa smartphones nem e-mails. É arriscado demais, dizem, até mesmo hoje.

Alguns podem dizer que é paranoia. Porém, considerando as revelações de Edward Snowden, parece muito mais com prudência. "As pessoas acham que estão seguras porque não disseram nada controverso", revela Kamila. "Isso é ingênuo demais."

Após a queda do Muro de Berlim e a reunificação da Alemanha, em 1990, o governo alemão abriu os vastos arquivos da Stasi, a polícia secreta da Alemanha Oriental, para suas vítimas. Nenhum dos Estados do bloco soviético tinha um aparato de monitoramento tão minucioso quando a Alemanha Oriental, tampouco qualquer rival comunista havia desenvolvido uma cultura de espionagem com raízes tão profundas e longas em meio à população. Os historiadores descobriram posteriormente que inúmeros cidadãos da Alemanha Oriental, sem qualquer solicitação do governo, haviam dado informações negativas sobre seus amigos e vizinhos voluntariamente. "Em todo o país, as pessoas ficavam de olho para captar pontos de vista divergentes, que eram então rotulados como perigosos para o Estado", relatou a revista *Der Spiegel*. Tal prática deu ao Estado policial da

Alemanha Oriental uma perspectiva sem paralelos sobre a vida particular de seus cidadãos.

Caso o totalitarismo, duro ou brando, venha ao Ocidente, o Estado policial não precisará estabelecer uma rede de informantes para manter o controle das vidas particulares da população. O sistema que temos agora já faz isso — e a maioria dos ocidentais mal sabe de sua minuciosidade e onipresença.

O poder rapidamente crescente da tecnologia da informação e sua presença em todos os lugares na vida amplificam imensamente o potencial daqueles que controlam as instituições para moldar a sociedade de acordo com seus ideais. Ao longo das últimas duas décadas, as mudanças econômicas e tecnológicas — que ocorreram sob o capitalismo democrático — concederam tanto ao Estado como às corporações os recursos de monitoramento com os quais Lênin e Stalin apenas sonharam. Na Alemanha Oriental, a população se acostumou com o monitoramento total, tornando a delação um comportamento normal — isso como parte do desenvolvimento chamado pelo Estado de "personalidade socialista", que considerava a privacidade como algo perigoso. Em nosso tempo e sociedade, a disposição das pessoas para revelar dados profundamente pessoais sobre si mesmas — ativamente, nas plataformas como o Facebook, ou passivamente, por meio da coleta de dados online — está criando um novo tipo de pessoas: a "personalidade das redes sociais", que não consegue imaginar por que a privacidade sequer importa.

O Surgimento do Capitalismo Politicamente Consciente [*Woke*]

Aos norte-americanos condicionados pela Guerra Fria, o Estado todo-poderoso parecia ser a maior ameaça à liberdade. Eles cresceram lendo

Orwell no Ensino Médio e ouvindo novos relatos de desertores dos países comunistas, que testemunhavam os horrores da vida sob o controle total do governo. Além disso, a cultura norte-americana premiava as pessoas solitárias que se destacavam do rebanho. O retrato mais icônico disso — o cowboy — testemunha tal valor duradouro.

A tradição conservadora do Ocidente, diferentemente da Europa, tem sido uma antagonista filosófica ao Estado. Mesmo reconhecendo que a União Soviética e seus aliados eram uma ameaça genuína, os conservadores do pós-guerra resignaram-se, aceitando o grande governo como um mal necessário para proteger a liberdade ocidental.

Mas eles não precisavam ter gostado disso. Para muitos da direita, especialmente os libertários instruídos pelos romances de Any Rand, as corporações pareciam ser o oponente natural do Estado leviatã. Sendo instituições da iniciativa privada, as corporações eram vistas pelos conservadores como mais naturalmente virtuosas do que o Estado. A Guerra Fria talvez tenha forçado os conservadores a fazerem paz com o Grande Governo, mas estavam dispostos a aceitar a Grande Empresa como um baluarte contra um Estado poderoso demais — e, na frente global, como armas importantes para o avanço do poder brando ocidental contra a hegemonia soviética.

Embora os liberais sejam menos inclinados a santificar as empresas do que os conservadores, o fim da Guerra Fria causou a conversão de políticos liberais proeminentes — como Bill Clinton e Tony Blair — ao evangelho da globalização do mercado, já fervorosamente aceita por todos, com exceção de uma pequena parcela dos irritados republicanos. Ao longo dos últimos 25 anos, os avanços da globalização e da tecnologia permitiram uma expansão assombrosa do poder corporativo.

Agora, um clube de elite de megacorporações globais é mais poderoso do que muitos países. O Walmart tem uma receita anual maior que a da Espanha e mais do que o dobro da Rússia. A ExxonMobil é maior, em termos de receita, do que a Índia, a Noruega e a Turquia. Nas palavras do estrategista internacional, Parag Khanna, em um mundo onde a Apple tem mais dinheiro à mão do que dois terços das nações mundiais, as "corporações provavelmente superarão todos os Estados em termos de influência".[1] No Ocidente, que agora funciona à base da internet, cinco empresas — Apple, Google, Microsoft, Facebook e Amazon — têm uma influência quase incalculável sobre as vidas pública e privada.

Ao mesmo tempo, as grandes empresas tenderam à esquerda nas questões sociais. A prática comercial padrão há tempos exigia ficar fora de questões controversas, pois tomar um lado na guerra cultural seria danoso à empresa. Tudo isso mudou muito em 2015, quando o estado norte-americano de Indiana aprovou uma lei de liberdade religiosa que teria dado uma proteção limitada às empresas processadas por discriminação antigay. Uma poderosa coalizão entre líderes corporativos, incluindo os diretores da Apple, da Salesforce, da Eli Lilly e de outras empresas, ameaçou fazer uma retaliação econômica contra o Estado caso não mudasse de rumo. Foi o que aconteceu. Desde então, os lobistas das corporações nacionais e internacionais passaram a pressionar fortemente os governos para que aprovassem uma legislação LGBT e para que resistissem às leis de liberdade religiosa.

O estereótipo de que os universitários deixam seu liberalismo para trás quando se formam e vão para o "mundo real" está bastante ultrapassado. Na verdade, os formandos de hoje em dia são geralmente ensinados a levarem seus ideais de justiça social com eles e a defenderem aquilo que é chamado de "responsabilidade social corporativa". É certo que ninguém tem algo bom a dizer sobre a irresponsabilidade social corporativa; como a "justiça social", a expressão é um eufemismo para uma política cultural progressista. Como a escritora Heather Mac Donald registrou: "Os formandos do complexo vitimológico estão reconstruindo o mundo à sua própria imagem."²

Em seu livro publicado em 2018, *The Diversity Delusion* ["A Ilusão da Diversidade", em tradução livre], Mac Donald explorou como os departamentos de RH corporativos funcionam como comissários da justiça social. Perto de 90% das empresas listadas na Fortune 500 possui escritórios de diversidade, relata ela, e a mania corporativa pela "igualdade, diversidade e inclusão" influencia a cultura corporativa em muitos âmbitos, incluindo a contratação, a promoção, os bônus e as normas dominantes de interação no ambiente de trabalho.

Algumas corporações multinacionais impõem políticas culturais progressistas nos ambientes de trabalho em países mais socialmente conservadores. Diversos empregados poloneses das filiais nacionais de corporações mundialmente renomadas disseram-me que se sentiram forçados a participar do ativismo LGBT dentro de suas empresas. Como cristãos, acreditavam que endossar o Orgulho violava suas consciências, mas, considerando as condições econômicas da Polônia, temiam que uma recusa custasse seus trabalhos.

Não há nada de errado, é claro, em esforçar-se para criar ambientes de trabalho nos quais as pessoas sejam tratadas de forma justa e julgadas de acordo com o seu desempenho. É isso o que chamamos de "justiça"; a justiça social, como a temos visto, não é a mesma coisa. Mac Donald não encontrou praticamente nenhuma evidência empírica para apoiar as estratégias da justiça social dentro do mundo corporativo. Apesar disso, tais executivos empresariais supostamente teimosos ignoram o ponto central em termos de programas de diversidade e de iniciativas de responsabilidade social corporativa. É como se esses ritos e catecismos fossem mais uma expressão de uma crença religiosa do que uma resposta às condições do mundo real.

O fato de as grandes empresas abraçarem o progressismo social agressivo é uma das histórias mais subestimadas das últimas duas décadas. Os críticos chamam isso de "capitalismo com consciência política", ou "capitalismo *woke*", um roubo sarcástico do termo esquerdista indicando o iluminismo político. O capitalismo *woke* é agora o agente mais transformador dentro da religião da justiça social, pois ele une a ideologia política com a força mais potente da vida ocidental: consumir e ganhar dinheiro.

Em sua carta de 2018 aos investidores, Larry Fink, CEO da BlackRock, empresa global de investimentos, disse que a responsabilidade social corporativa agora faz parte dos custos de uma empresa.

"A sociedade está exigindo que as empresas, tanto as públicas como as privadas, sirvam a um propósito social", escreveu Fink. "Para prosperar ao longo do tempo, todas as empresas devem não apenas apresentar um desempenho financeiro, mas também mostrar como está contribuindo positivamente para a sociedade."[3]

Os resultados de pesquisas a respeito das expectativas dos consumidores reiteram Fink. Os millennials e a geração Z são especialmente propensos a verem seus gastos com o consumo como parte da criação de uma identidade de marca pessoal socialmente consciente. Para muitas empresas, portanto, sinalizar virtudes progressistas para os consumidores é uma inteligente ação empresarial, da mesma forma que sinalizar um patriotismo total aos EUA teria sido para as corporações de 1950.

Mas o que é considerada uma "contribuição positiva para a sociedade"? As corporações gostam de se definir como estando a favor de uma constelação previsível de causas, todas elas sendo estrelas-guia do cosmos progressista. O branding do capitalismo *woke* explora recursos inigualáveis de propaganda do setor publicitário para enviar a mensagem, tanto de forma explícita como implícita: as crenças dos conservadores sociais e dos tradicionalistas religiosos são obstáculos ao bem social.

O Surgimento do Capitalismo de Vigilância

A politização da vida nas corporações junto às linhas da justiça social ocorreu ao mesmo tempo em que as grandes empresas abraçaram a acumulação de dados pessoais como uma estratégia central para vendas e marketing.

No livro *1984*, de Orwell, Winston Smith precisa viver com uma teletela em seu apartamento. O dispositivo ativo-passivo entrega a propaganda, mas também monitora os residentes, permitindo que o Estado totalitário invada a privacidade dos lares.

Considerando que gerações de alunos ocidentais leram o romance de Orwell, seria de se esperar que eles estivessem vacinados contra a aceitação desse tipo de tecnologia invasiva.

Ledo engano. No século XXI, o Grande Irmão encontrou uma forma muito mais insidiosa de entrar em nossos lares. Na verdade, ele foi convidado. Cerca de 70 milhões de norte-americanos têm um ou mais *smart speakers* sem fio — geralmente fabricados pela Amazon ou pelo Google — em suas casas.[4] São dispositivos de reconhecimento de voz conectados à internet. Eles servem como assistentes digitais, gravando comandos de voz e, em troca, executando ações — obtendo informações, fazendo pedido de compras, controlando as luzes e a música, e assim por diante. Para mais de 25% da população, a conveniência derrotou as preocupações com a privacidade.

É por meio do consumismo que estamos aprendendo a amar o Grande Irmão. O pior é que ele não é exatamente como esperaríamos que fosse — um ditador político, embora talvez se torne um qualquer dia. Neste momento, a principal ocupação do Grande Irmão é o capitalismo. Ele é vendedor, um negociador, um coletor de matérias-primas e um fabricante de desejos. Ele monitora virtualmente cada passo que você dá para determinar como lhe vender mais coisas e, ao fazê-lo, aprende a conduzir o seu comportamento. Desta forma, o Grande Irmão está lançando as bases do totalitarismo brando, tanto em termos de criar e de implementar a tecnologia do controle social e político como condicionando a população a aceitar isso como o normal.

Tal é o mundo do "capitalismo de vigilância", termo cunhado por Shoshana Zuboff, ex-professora da Harvard Business School. Em seu livro de 2019, *The Age Of Surveillance Capitalism* ["A Era do Capitalismo de Vigilância", em tradução livre], ela descreve e analisa uma nova forma de capitalismo, criada pelo Google e aperfeiçoada pela Amazon e pelo Facebook. O capitalismo de vigilância suga dados pessoais detalhados sobre as pessoas e os analisa com algoritmos sofisticados para prever seus comportamentos.

A finalidade, obviamente, é oferecer bens e serviços feitos sob medida para as preferências pessoais. Nada de surpreendente até aqui — é meramente uma forma de propaganda. Porém, as formas mais profundas do capitalismo de vigilância são muito mais sinistras. Os mestres dos dados não estão apenas tentando descobrir do que você gosta; agora, estão trabalhando para fazer com que goste do que querem que você goste, sem que suas manipulações sejam detectadas.

E fazem isso sem o conhecimento ou sem uma permissão consciente das pessoas cujas vidas eles colonizaram — e que, no momento, não têm formas de escapar da rede de vigilância dos capitalistas. Talvez você tenha saído do Facebook por motivos de privacidade e tenha decidido nunca ter um dispositivo inteligente sob seu teto, mas, a menos que seja um ermitão vivendo sem eletricidade, ainda está totalmente preso pelo sistema do capitalismo de vigilância e imerso nele.

"O poder de modelar o comportamento para o lucro ou para o poder de outros é totalmente autoautorizante", disse Zuboff ao jornal *The Guardian*. "Ele não tem fundamento na legitimidade democrática ou na moral, uma vez que usurpa os direitos de decisão e destrói os processos de autonomia individuais, que são essenciais à função de uma sociedade democrática. A mensagem é simples: *Outrora, pertencia a mim mesmo. Agora, pertenço a eles.*"[5]

A história do capitalismo de vigilância começa em 2003, quando o Google, de longe o maior mecanismo de busca da internet, patenteou um processo para permitir o uso das imensas quantidades de dados por ele coletadas, a partir das buscas individuais, de uma nova forma. Os cientistas de dados da empresa descobriram como usar um "exaustor de dados" — informações extras obtidas nas buscas — para prever o tipo de propaganda que teria mais apelo para cada usuário em particular.

Não demorou muito e a "extração de dados" se tornou a base de uma nova economia baseada na tecnologia. Google, Facebook, Amazon e outros descobriram como fazer fortunas ao coletar, embalar e vender dados pessoais. Nesta altura, não é uma questão de vender seu nome, endereço e e-mail para terceiros. É muitíssimo mais abrangente. Os sensores conectados à internet estão reportando constantemente fatos e dados sobre você.

Considere o seguinte cenário: o alarme de seu smartphone, ao lado de sua cama, toca e você se levanta. Enquanto estava dormindo, os aplicativos em seu telefone baixaram as informações do dia anterior a respeito de suas atividades para o proprietário do aplicativo. Você se arrasta da cama, escova os dentes, veste bermuda e tênis e faz uma corrida de vinte minutos pela vizinhança. O FitBit em seu punho grava as informações de seu exercício e faz o upload delas.

Chegando em casa, você toma um banho, depois vai para a cozinha, prepara o café da manhã e se senta à mesa para checar sua conta no Gmail, no Facebook e seus sites favoritos de notícias e de informações. Tudo o que escreve no Gmail é processado pelo Google, que escaneia o texto em busca de palavras-chave para direcionar as propagandas para você. Tudo o que posta, curte ou encaminha no Facebook é gravado pela empresa e usado nas propagandas. Seus algoritmos são tão sofisticados agora que o Facebook consegue fazer previsões detalhadas sobre você apenas associando alguns dados. Quando você vê sites de jornais, os cookies incorporados em seu navegador enviam um relatório sobre quais artigos leu.

Enquanto dirige para o trabalho, sensores em seu carro gravam e reportam seus hábitos de condução, porque você permitiu que a seguradora do seu carro captasse esses dados em troca de um desconto para condutores seguros. Entrementes, os sensores da seguradora gravam dados sobre as lojas nas quais você para e relatam tudo isso para a empresa, que vende esses dados para os profissionais de marketing.

Durante o dia todo, o smartphone em seu bolso envia dados sobre a localização do aparelho — e, portanto, a sua — de volta ao provedor de telefonia. Você pode ser rastreado o tempo todo. Sabe todos aqueles pedidos que faz à Siri, sua assistente digital? São gravados e monetizados. Todas aquelas buscas no Google durante o dia? Também. Você sai para almoçar e paga com cartão de crédito ou débito? Os profissionais de marketing sabem onde você comeu e associam esses dados com seu perfil pessoal. Parou no supermercado ao voltar para casa para pegar algumas coisas e pagou com cartão? Eles sabem o que você comprou.

Sua geladeira inteligente está enviando dados sobre seus hábitos alimentares para alguém. Sua TV inteligente está fazendo o mesmo com relação ao que você assiste. Zuboff menciona uma pesquisa premiada feita por uma empresa chamada Realeyes que usará o reconhecimento facial para possibilitar que as máquinas analisem as emoções por meio das reações faciais. Quando essa tecnologia se tornar disponível, sua TV inteligente (seu smartphone ou seu notebook) conseguirá monitorar sua reação involuntária aos comerciais e a outras programações, relatando todas essas informações para fontes externas. Não é necessário ser George Orwell para entender o perigo trazido por essa tecnologia, da qual não temos escape.

A Política da Vigilância

Por que as corporações e instituições não deveriam usar as informações que coletam para produzir um consentimento a respeito de algumas crenças e ideologias, e para manipular o público para que rejeitem os outros?

Recentemente, as intervenções mais óbvias vieram das empresas de redes sociais banindo os usuários por violarem os termos de uso. O Twitter e o Facebook excluem rotineiramente os usuários que violam seus padrões, como promover a violência, compartilhar pornografia e coisas do tipo. O YouTube, que possui 2 bilhões de usuários ativos, desmonetizou usuários que ganharam dinheiro em seus canais, mas que ultrapassaram os limites com conteúdos considerados ofensivos pelo YouTube. Para ser justo com esses gerentes de plataformas, realmente há pessoas más que querem usá-las para defender coisas ruins.

Mas quem decide quais são os limites? O Facebook bane o que denomina de "expressão que... tem o potencial de intimidar, de excluir ou de silenciar os outros". Chamar isso de definição vaga é pouco. O Twitter exclui usuários que "erram o gênero" [*misgender*] ou o "nome de escolha" [*deadname*] de pessoas transgênero. Chamar Caitlyn Jenner de "Bruce" ou usar pronomes masculinos em referência à celebridade transgênero é motivo para sua remoção.

Certamente, ser expulso de uma rede social não é como ser enviado para a Sibéria. Porém, empresas como o PayPal usam a orientação da organização de extrema esquerda, Southern Poverty Law Center, para tornar impossível que algumas pessoas e organizações conservadoras — incluindo os principais defensores das leis de liberdade religiosa da Alliance Defending Freedom — usem seus serviços.[6] Embora o banco J.P. Morgan Chase tenha emitido uma nota negando ao ser perguntado, a instituição financeira foi acusada de fechar a conta de um ativista que foi associado com a direita alternativa [alt-right].[7] Em 2018, o Citigroup e o Bank of America anunciaram seus planos de encerrar alguns negócios com fabricantes de armas.[8]

Não é nada difícil imaginar que bancos, lojas de varejo e provedores de serviço, que têm acesso ao tipo de dados de consumidores extraídos pelos capitalistas de vigilância, decidiriam punir pessoas afiliadas a grupos políticos, religiosos ou culturais considerados por eles antissociais.

O Vale do Silício é bem conhecido por estar bem à esquerda em questões sociais e culturais, uma autêntica Meca do culto da justiça social. Os Guerreiros da Justiça Social são conhecidos por seu desdém rancoroso pelos valores liberais clássicos da liberdade de expressão, de associação e de religião. São o tipo de pessoas que tomarão decisões sobre o acesso à vida e ao comércio digitais. A ascendente geração de líderes corporativos orgulha-se de sua consciência e de seu ativismo progressistas. O capitalismo do século XXI não está apenas totalmente dedicado à vigilância, mas também está muito woke.

Tampouco é difícil prever esses poderosos interesses corporativos usando os dados para manipular as pessoas para que pensem e ajam de determinadas formas. Zuboff cita um mandachuva anônimo do Vale do Silício dizendo que o "condicionamento em escala é essencial à nova ciência do comportamento humano maciçamente engenhado". Ele acredita que, com uma análise minuciosa do comportamento dos usuários dos aplicativos, sua empresa chegará a conseguir "mudar a forma como muitas pessoas tomam suas decisões cotidianas".[9]

Talvez apenas tentarão levar os usuários a comprar determinados produtos e a não comprar outros. Mas o que acontece quando os produtos são políticos ou ideológicos? E como as pessoas saberão quando estão sendo manipuladas?

Se uma corporação com acesso a dados privados decide que o progresso demanda suprimir as opiniões dissidentes, será fácil identificar essas pessoas, mesmo se não disseram uma única palavra publicamente.

De fato, talvez tirem a voz de seu público. O escritor britânico Douglas Murray documentou como o Google pondera silenciosamente seus resultados de busca para apresentar resultados mais "diversos". Embora o Google apresente seus resultados despretensiosamente, Murray mostra que o "que é revelado não é uma visão 'justa' das coisas, mas uma visão que distorce severamente a história e a apresenta com uma tendência a partir do presente".[10]

Resultado: para o mecanismo de buscas preferido por 90% dos usuários globais da internet, o "progresso" — como definido pelos ocidentais esquerdistas que moram no Vale do Silício — é apresentado como normativo.

Em outro exemplo bastante conhecido, o partido populista espanhol Vox teve seu acesso ao Twitter temporariamente suspenso quando, em janeiro de 2020, um político socialista acusou o partido de pregar "discurso de ódio", por fazer oposição ao plano do governo socialista de forçar as crianças na escola a estudarem a ideologia de gênero, mesmo sem o consentimento dos pais.

Só para garantir, o Twitter, empresa sediada em São Francisco, nos EUA, com 330 milhões de usuários no mundo, especialmente entre as elites políticas e de mídia, não é um serviço publicamente regulamentado; ele não está sob obrigações legais para oferecer a liberdade de expressão para seus usuários. Porém, pense em como as comunicações diárias seriam afetadas se as redes sociais e se os outros canais online dos quais a maioria das pessoas passou a depender — Twitter, Gmail, Facebook e outros — decidissem banir usuários cujas visões políticas ou religiosas os qualificassem como intolerantes aos olhos dos comissários digitais?

O que impede que os governos façam a mesma coisa? Não seria uma falta de recursos tecnológicos. Em 2013, Edward Snowden, o renegado analista da Agência de Segurança Nacional dos EUA, revelou que o governo daquele país estava espionando muitíssimo mais do que era sabido. Em sua autobiografia, publicada em 2019, *Eterna Vigilância*, ele escreve sobre sua descoberta de que

> *o governo dos EUA estava desenvolvendo os recursos para uma agência eterna de segurança pública. A qualquer momento, o governo poderia investigar as comunicações anteriores de qualquer um que quisesse para o vitimar de um crime (e as comunicações de todas as pessoas contêm evidências de alguma coisa). Sempre que quisesse, e perpetuamente, qualquer nova administração — qualquer novo diretor patife da NSA — poderia simplesmente ir trabalhar e, tão facilmente quanto apertar um botão, conseguiria rastrear todos que tivessem um telefone ou um computador, saber quem são, onde estão, o que estão fazendo e com quem, e tudo o que já fizeram no passado.*[11]

Snowden escreve a respeito de um discurso público feito pelo chefe da CIA, Gus Hunt, e por um grupo de tecnologia em 2013, que não surtiu grandes comoções. Apenas o *Huffington Post* fez a cobertura. No discurso, Hunt disse que "está realmente muito perto de podermos computar todas as informações geradas pelos humanos". E acrescentou que, após os mestres da CIA captarem os dados, a agência pretende desenvolver os recursos para salvá-los e analisá-los.[12]

Entenda o que isso significa: sua vida digital pertence ao Estado e sempre pertencerá. Por enquanto, temos leis e práticas que impedem o governo de usar essas informações contra as pessoas, a menos que suspeite de envolvimento em terrorismo, em atividades criminosas ou em espionagem. Mas, por diversas vezes, os dissidentes disseram-me que a lei não é um refúgio confiável: se o governo estiver decidido a eliminar você, eles criarão um crime a partir dos dados captados ou de alguma outra forma os empregarão para destruir sua reputação.

Tanto a difusão do culto da justiça social como o alcance do capitalismo de vigilância, em áreas que os tiranos orwellianos do bloco comunista poderiam apenas ter ambicionado, criaram um ambiente favorável ao surgimento do totalitarismo brando. Sob tal cenário do "Estado Policial Rosa", os poderosos atores corporativos e estatais controlarão as populações ao massagearem-nas com luvas digitais de veludo, e convencendo-as a abrirem mão das políticas de liberdade em prol da segurança e da conveniência.

China: A Marca da Besta?

Não é necessário recorrer à imaginação para visualizar um autoritarismo comercial e político convergente em um Estado de total vigilância. Ele já existe, na República Popular da China. Não há dúvidas de que o totalitarismo chinês se tornou muito mais sofisticado do que o tosco sino-stalinismo praticado por seu primeiro líder, Mao Zedong. Mesmo na pior das hipóteses, é difícil imaginar que o Ocidente se tornará tão desumano quanto o Estado que aprisionou 1 milhão de seus cidadãos muçulmanos em campos de concentração em uma tentativa de destruir sua identidade cultural.[13]

Não obstante, atualmente a China prova que é possível ter uma sociedade rica e moderna, e ainda ser totalitária. As técnicas de controle social que se tornaram comuns na China poderiam ser adaptadas pelo Ocidente com uma relativa facilidade. O fato de que campos de concentração nas partes desertas do Ocidente pareçam um absurdo não deve nos impedir de compreender o quanto o sistema de vigilância chinês poderia ser rapidamente transformado em algo útil para os controladores corporativos e governamentais por aqui.

No início da década de 1980, quando Deng Xiaoping abriu a China para a reforma do livre comércio, os especialistas ocidentais previram que a democracia liberal não demoraria muito a aparecer. Eles acreditavam que os livres mercados e as mentes livres eram inseparáveis. Tudo o que o Ocidente tinha que fazer era esperar e observar o capitalismo libertar a democracia liberal no âmago do coração coletivo da China.

Quarenta anos depois, a China tornou-se espetacularmente rica e poderosa, criando, em uma única geração, uma sociedade consumista exuberante e robusta a partir de uma população em massa que conhecia a pobreza e as dificuldades desde sempre. O Partido Comunista da China, que realizou tal milagre, não apenas mantém um controle seguro do poder político, mas também está transformando a nação com mais de 1,4 bilhão de pessoas na sociedade totalitária mais avançada que o mundo jamais conheceu.

O uso que Pequim faz dos dados de consumidores, de informações biométricas, de coordenadas de rastreamento por GPS, de reconhecimento facial, de DNA e advindos de outras formas de coleta se transformou — e continua se transformando — em uma besta chinesa que o mundo nunca viu nem mesmo sob o regime de Mao ou de Stalin. Na China, as ferramentas do capitalismo de vigilância são empregadas pelo Estado de vigilância para administrar o denominado Sistema de Crédito Social, que determina quem pode comprar, vender e viajar, com base em seu comportamento social.

"A China está prestes a se tornar algo novo: um Estado tecnototalitário movido a IA", escreve o jornalista John Lanchester. "O projeto busca formar não apenas um novo tipo de Estado, mas um novo tipo de ser humano, que tenha internalizado totalmente as demandas do Estado e a integralidade do controle. Tal internalização é o objetivo: as agências do Estado nunca precisarão intervir para corrigir o comportamento do cidadão, pois este já fez isso antecipadamente."[14]

Ele está se referindo ao uso pioneiro que Pequim faz da inteligência artificial e de outras formas de coleta de dados digitais para criar um aparato estatal que não apenas monitora constantemente todos os cidadãos, mas que pode forçá-los a se comportarem de formas exigidas pelo Estado, sem nunca terem que empregar a polícia secreta ou a ameaça de gulags (embora isso exista para os relutantes), e sem sofrer a pobreza disseminada que foi o produto inevitável do antigo estilo do comunismo.

A grande maioria dos chineses paga pelos bens e pelos serviços de consumo por meio de aplicativos em seus smartphones ou usando seus rostos, com a tecnologia do reconhecimento facial. Isso leva conveniência e segurança para o consumidor, facilitando a vida das pessoas comuns. E também gera uma enorme quantidade de dados pessoais sobre cada chinês, tudo monitorado pelo Estado.

O Estado tem outros usos para a tecnologia de reconhecimento facial. As câmeras estão em todo lugar nas ruas do país, gravando as idas e vindas diárias das pessoas daquela nação. O software de Pequim é tão avançado que pode comparar rapidamente as leituras faciais com seu banco central de dados de segurança. Caso um cidadão entre em uma área que lhe é proibida — digamos, uma igreja — ou até mesmo se alguém estiver meramente caminhando na direção contrária de uma multidão, o sistema grava automaticamente e alerta a polícia.

Teoricamente, a polícia não precisa aparecer na casa do suspeito para que ele pague pela desobediência. O "sistema de crédito social" chinês rastreia automaticamente as palavras e as ações, tanto online como offline, de cada cidadão chinês, e garante uma recompensa ou um demérito com base na obediência. Um chinês que faça algo socialmente positivo — como ajudar um vizinho idoso com alguma tarefa ou ouvir um discurso do líder Xi Jinping — recebe pontos, aumentando seu score de crédito social. Por outro lado, alguém que faz algo negativo — como deixar seu cachorro fazer cocô na calçada ou deixar algum comentário sarcástico nas mídias sociais — sofre um abatimento no crédito social.

Como a vida digital, incluindo as transações comerciais, é monitorada automaticamente, os chineses com pontuações altas de crédito social ganham privilégios. Aqueles com scores mais baixos descobrem que seu dia a dia fica mais difícil. Não podem comprar passagens para o trem-bala ou andar de avião. As portas de alguns restaurantes se fecham para eles. Seus filhos talvez não possam ir para a faculdade. Pode ser que percam seus empregos e que tenham dificuldades para encontrar um novo. E os transgressores do crédito social se verão isolados, visto que o sistema algorítmico diminui o score daqueles que estão relacionados ao ofensor.

Resumindo: um cidadão chinês não pode participar da economia ou da sociedade a menos que tenha a marca da aprovação de Xi Jinping, o líder todo-poderoso do país. Em uma sociedade que não usa dinheiro físico, o Estado tem o poder de causar falência instantânea aos dissidentes, cortando seu acesso à internet. E em uma sociedade na qual todos estão digitalmente conectados, o Estado pode transformar qualquer pessoa em um pária, quando os algoritmos os transformam em algo venenoso, mesmo para seus familiares.

O Estado chinês também está usando métodos totalitários para garantir que as gerações vindouras não tenham a capacidade imaginativa de revidar.

Em seu livro publicado em 2019, *We Have Been Harmonized* ["Fomos Harmonizados", em tradução livre] — o termo chinês para neutralizar os cidadãos que são uma ameaça à ordem política e social —, o experiente jornalista Kai Strittmatter, que passou anos em Pequim como correspondente de um jornal alemão, revela a tecnodistopia que a China moderna se tornou. Ele entrevistou um professor chinês, autodenominado "David", desesperado pelo futuro de seu país.

"As pessoas que nasceram a partir dos anos 1980 estão desesperadamente perdidas", confessa David.

> *A lavagem cerebral começa nas creches. Foi diferente para nós. Eles nos chamavam de geração perdida porque, na época, as escolas e as faculdades estavam fechadas, e negaram uma educação a muitos de nós. Mas, na*

realidade, provavelmente fomos os sortudos. Escapamos pelas brechas. A lavagem cerebral não nos alcançou. Mao estava morto, e todos estavam desesperados para que a China fosse aberta, para a reforma, para a liberdade.[15]

O aparato de controle de informação do Estado destruiu a habilidade dos jovens chineses de aprenderem fatos sobre a história de sua nação de formas que contradigam a narrativa do partido comunista. O massacre da Praça da Paz Celestial, em 1989, por exemplo, teve seus registros históricos alterados. Isso é algo que quase certamente não teríamos de sofrer no Ocidente.

Porém, a condição dos jovens na China comunista se assemelha mais a Huxley do que a Orwell. Como certa vez o crítico de mídia Neil Postman disse, Orwell temia um mundo no qual as pessoas seriam proibidas de ler livros. Huxley, por outro lado, temia um mundo no qual ninguém teria que banir os livros, pois, para começar, ninguém iria querer lê-los. Assim é a China hoje, afirma. Muito embora uma quantidade enorme de informações permaneça disponível aos estudantes, eles não se importam com elas.

"Meus alunos dizem que não têm tempo. Estão distraídos com milhares de outras coisas", conta David a Strittmatter. "E, embora eu tenha apenas dez anos a mais que eles, eles não me entendem. Vivem em um mundo completamente diferente. Foram perfeitamente manipulados por sua educação e pela propaganda do Partido: meus alunos devotam suas vidas ao consumismo e ignoram todas as outras coisas. Ignoram a realidade; ela foi facilitada para eles."[16]

E, assim, uma população que foi completamente influenciada pela propaganda de um Estado totalitário e desmoralizada pelo consumismo hedonista dificilmente terá condição sequer de imaginar uma oposição às suas estratégias de comando e de controle. E, mesmo se surgirem alguns dissidentes, o sistema de informações totais rapidamente os identificaria e os "harmonizaria" antes que tivessem a chance de agir — *ou até mesmo antes que tivessem o pensamento consciente de dissidiar.*

De forma perturbadora, os registros de Strittmatter mostram que os oficiais chineses estão aplicando os softwares preditivos aos dados coletados para identificar possíveis líderes futuros e, possivelmente, inimigos do Estado, antes que a consciência de seu potencial chegue às mentes dessas pessoas.

Pode Acontecer Aqui?

É claro que pode. Os recursos tecnológicos para implementar tal sistema de disciplina e de controle no Ocidente já existem. As únicas barreiras que impedem isso de ser imposto são a resistência política pelas maiorias relutantes e a resistência constitucional pelo judiciário.

A cultura ocidental é muito mais individualista do que a chinesa, de forma que a resistência política quase certamente impedirá que o estilo chinês de totalitarismo duro crie raízes por aqui. Porém, ativar o amplo alcance da tecnologia, especialmente a de coleta de dados que os consumidores já aceitaram em seus cotidianos, e transformá-la para que sirva aos objetivos da justiça social é eminentemente possível. Se as maiorias democráticas passarem a acreditar que a transferência do controle social para os governos e para as elites das instituições privadas é necessário para garantir a virtude e a segurança, então isso acontecerá. Nesse ínterim, nada impede que corporações imensamente poderosas gerem o totalitarismo brando dentro da democracia de mercado.

No momento da escrita deste livro, o sistema PayPal de transferência global de pagamentos se recusa a deixar que grupos de supremacistas brancos utilizem seus serviços. É difícil de se contrapor a isso, embora os direitos de liberdade de expressão, de religião e de associação criem certa discordância em alguns. E, como já vimos, alguns grandes bancos agora têm políticas que negam serviços a fabricantes e a vendedores de armas — muito embora a fabricação e o uso de armas sejam legalizados. Observe bem que o governo não forçou essas gigantes instituições financeiras a adotarem tais políticas. O que impediria que entidades privadas controlassem e negassem o acesso ao dinheiro e ao comércio às pessoas, às igrejas e a outras organizações consideradas por aquelas como sendo maus atores sociais? A China mostra que isso pode ser feito e como fazê-lo.

Nossos hábitos pessoais em transformação aceleram o perigo. O colapso de uma crença comumente tida em guardar a privacidade online remove a barreira mais importante ao Estado para que controle a vida particular. Isso é algo que choca aqueles familiarizados com o comunismo.

Na Bratislava, capital da Eslováquia, o fotógrafo Timo Krizka e sua esposa, Petra, são membros da primeira geração pós-comunista do país. Eles nasceram perto da época em que a Revolução de Veludo foi derrubada pelo regime comunista e do Divórcio de Veludo, que separou pacificamente a República Tcheca da Eslováquia. Nenhum deles tem lembranças pessoais do comunismo, é claro, mas ambos cresceram sob sua influência imediata — e cujos pais e outros adultos próximos ainda carregam os hábitos desenvolvidos sob o totalitarismo.

Petra levou alguns deles com ela para os Estados Unidos, quando foi para lá como aluna de intercâmbio, em 2005. Foi pouco depois do ataque terrorista do 11 de Setembro, quando um cuidado aumentado com a segurança reinava no país.

"Vi que as pessoas estavam dispostas a sacrificarem muito de suas liberdades pessoais em prol da segurança nacional", conta ela. "Havia muitas conversas do tipo: 'Não me importo se estão ouvindo minhas ligações ou lendo meus e-mails ou mensagens por celular, porque não digo nada de errado.' Então, aquilo foi realmente estranho para mim, porque acho que isso é algo realmente pessoal. E de fato não importa se você diz ou não algo errado. É meu espaço pessoal, poxa."

É muito estranho o fato de uma adolescente sair de uma cultura que está acabando de sair de uma realidade na qual uma palavra descuidada ou uma reunião indiscreta tem o potencial de destruir sua vida, e ver-se vivendo temporariamente em outro mundo no qual todos dizem tudo o que querem sem qualquer tipo de cuidado.

Não deveria ter sido algo libertador? Não para Petra, com sua criação em uma sociedade na qual a privacidade era valiosa. Seus sentimentos conflitantes destacam uma dimensão filosófica e psicológica da divisão público-privada quanto ao significado de viver a verdade. No romance mais conhecido de Milan Kundera, *A Insustentável Leveza do Ser*, o autor tcheco contrasta as atitudes de dois personagens — Sabina, mulher tcheca, e seu amante suíço, Franz — perante a importância que a privacidade pessoal tem para a autenticidade.

Para Franz, que sempre morou no Ocidente, viver a verdade significava viver de forma transparente, sem quaisquer segredos. Contudo, para Sabina, moradora há muito tempo da Tchecoslováquia comunista, viver a verdade era possível apenas dentro de uma vida privada.

"A partir do momento em que os nossos atos têm uma testemunha, quer queiramos ou não, adaptamo-nos aos olhos que nos observam; e, a partir de então, nada do que fazemos é verdadeiro", escreve Kundera, falando por Sabina. "Ter um público, pensar num público, é viver na mentira."[17]

As observações de Kundera, despontando a partir de sua própria experiência com o comunismo, são mais relevantes do que nunca. Desde cerca de uma década atrás, com a invenção do smartphone e das redes sociais, e da cultura confessional que eles criaram, ganhamos muito conhecimento a respeito de como as pessoas — na maioria, adolescentes e jovens adultos — criam vidas "de Instagram" para si mesmos. Quer dizer, dizem e fazem coisas, incluindo o compartilhamento de informações intensamente pessoais, para criar a imagem de uma vida que impressione seus iguais — conhecendo-os ou não pessoalmente —, transparecendo ser uma vida atrativa e desejável. Eles vivem pela aprovação dos outros, representada pelos "curtir" no Facebook, ou por outros símbolos de afirmação.

A psicóloga Jean Twenge identificou um aumento impressionante da depressão e do suicídio na primeira geração que cresceu com smartphones e redes sociais. Ela a descreve "como estando à beira da pior crise de saúde mental há décadas", e diz que "muito dessa deterioração pode ser relacionada com seus telefones".[18]

Sua profunda infelicidade vem do isolamento que sentem, apesar de estarem conectados, graças à abertura que o smartphone dá às redes sociais, com mais pessoas do que qualquer outra geração. A cultura do smartphone aumentou radicalmente a ansiedade social que experimentam, visto que as informações que chegam a seus telefones convencem os sensíveis adolescentes — especialmente as meninas — de que estão sendo deixados de fora de vidas fantásticas que outros estão vivendo.

Obviamente, a maioria de seus iguais não está tendo uma vida mais intensa e vívida; está apenas fazendo uma melhor curadoria de suas imagens online. Os jovens de hoje estão vivendo ilusões, sendo a maior delas, talvez, a de que são parte de uma verdadeira rede social. Na verdade, essa tecnologia e a cultura que dela surgiu estão reproduzindo a atomização e a solidão radical que os governos totalitários impunham aos seus povos cativos, para torná-los mais fáceis de controlar.

E, tendo se habituado a compartilhar pencas de dados pessoais com os profissionais de marketing apenas seguindo seus cotidianos online, esses jovens estão se tornando altamente vulneráveis à manipulação feita por corporações e por entidades de fora. Dizendo de forma franca, estamos sendo condicionados a aceitar uma versão ocidentalizada do sistema de crédito social da China, que colocará em prática os princípios do culto político da justiça social. Caso isso chegue a criar raízes por aqui, não haverá onde nos escondermos. Os cristãos e outros que se recusam a aceitar isso serão forçados a inaugurarem um caminho para viverem em verdade, apesar de tudo.

É por isso que os testemunhos daqueles que viveram a verdade sob o totalitarismo duro são urgentemente necessários.

Abrigo contra a Tempestade que Se Forma

No Ocidente atual, estamos vivendo sob condições decadentes e pré-totalitárias. A atomização social, a solidão difundida, a ascensão da ideologia, uma perda geral de fé nas instituições e outros fatores deixam a sociedade vulnerável à tentação totalitária à qual tanto a Rússia como a Alemanha sucumbiram no século anterior.

Além disso, as elites intelectuais, culturais, acadêmicas e corporativas estão sob a influência de um culto político esquerdista criado em torno da "justiça social". É uma ideologia militantemente iliberal que compartilha similaridades alarmantes com o bolchevismo, incluindo a divisão da humanidade entre os Bons e os Maus. Tal pseudorreligião parece atender a uma necessidade por significado e por propósito moral em uma sociedade pós-cristã, e busca criar uma sociedade justa ao demonizar, excluir e até perseguir todos que resistem a seus duros dogmas.

Por fim, o fato de que as grandes empresas adotam e promovem os valores sociais progressistas, com o surgimento do "capitalismo de vigilância" — a mineração de dados pessoais dirigida pelas vendas, coletados pelos dispositivos eletrônicos —, prepara o Ocidente para aceitar uma versão do sistema de crédito social chinês. Estamos sendo condicionados a abrir mão de nossas liberdades pessoais e políticas em prol do conforto, da conveniência e de uma harmonia social artificialmente imposta.

Esse é o admirável mundo novo do século XXI. Os dissidentes cristãos não conseguirão organizar uma resistência efetiva caso seus olhos não estejam abertos e focados na natureza e nos métodos da ideologia da justiça social, e nas formas pelas quais a coleta e a manipulação de dados podem e serão usadas pelos capitalistas *woke* e pelos ideólogos da justiça social em função de autoridade institucional para impor o controle.

Está chegando, e rápido. Como deveríamos resistir? Esse é o assunto da segunda parte deste livro.

PARTE DOIS

Como Viver em Verdade

CAPÍTULO CINCO

Não Valorize Nada Além da Verdade

Soljenítsin não foi o único dissente a tornar o lema "não viva uma mentira" a essência da resistência totalitária. A ordem mais famosa do dramaturgo e futuro presidente da Tchecoslováquia pós-comunista, Vaclav Havel, aos dissidentes em potencial era "viver em verdade". Em seu escrito político mais importante, que foi secretamente distribuído pela prática de *samizdat,* Havel escreveu sobre "o poder dos fracos", que era o título do ensaio.

Havel sabia que estava se dirigindo a uma nação que não tinha formas de se colocar contra o poder do Estado de polícia da Tchecoslováquia. Porém, também sabia algo que a maioria deles não sabia: que não eram totalmente fracos.

Considere, disse ele, o caso do verdureiro que coloca uma placa em sua loja contendo o bem conhecido slogan do Manifesto Comunista: "Trabalhadores do mundo, uni-vos!" Ele não acredita nisso. Ele coloca a placa em sua loja como um sinal de sua própria conformidade. Apenas quer ser deixado em paz. Sua ação não é insignificante, no entanto: o ato do verdureiro não apenas confirma que esse é o esperado de alguém em uma sociedade comunista, mas também perpetua a crença de que isso é ser um bom cidadão.

Havel continua:

> *Imaginemos agora que, certo dia, nosso verdureiro tem um estalo e para de colocar os slogans meramente para agradar a si mesmo. Ele para de votar nas eleições, sabidamente uma farsa. Começa a dizer nos encontros políticos o que realmente acredita. E até descobre em si mesmo a força para expressar solidariedade com aqueles a quem sua consciência o incita a ajudar. Em sua revolta, o verdureiro deixa de viver uma mentira. Ele rejeita o ritual e quebra as regras do jogo. Descobre novamente sua identidade e sua dignidade suprimidas. Dá um significado concreto à sua liberdade. Sua revolta é uma tentativa de viver em verdade.*

Isso lhe é custoso. Ele perde sua loja, seu salário é cortado e não conseguirá viajar para o exterior. Talvez seus filhos não poderão fazer faculdade. As pessoas perseguem a ele e àqueles ao seu redor — não necessariamente porque se opõem ao seu ponto de vista, mas porque sabem que é isso que precisam fazer para manter as autoridades longe de seu pé.

O pobre verdureiro, que testifica a verdade ao recusar-se a dizer uma mentira, sofre. Contudo, há um significado mais profundo com relação à sua postura.

> *Quebrar as regras do jogo também lhe causa uma disrupção. Ele o expõe como sendo um mero jogo. Destrói o mundo das aparências, o pilar fundamental do sistema. Contraria a estrutura de poder ao despedaçar o que a mantém unida. Demonstra que viver uma mentira é viver uma mentira. Ele rompe com a enaltecida fachada e expõe os reais fundamentos básicos do poder. Ele diz que o rei está nu. E como o rei está, de fato, nu, algo extremamente perigoso acontece: por meio de sua ação, o verdureiro fala ao mundo.*

NÃO VALORIZE NADA ALÉM DA VERDADE

Permite que todos deem uma espiada por trás das cortinas. Mostra a todos que é possível viver dentro da verdade. Viver dentro da mentira pode constituir o sistema apenas se tal atitude for universal. O princípio deve abarcar e permear tudo. Não há jeito nenhum de coexistir com o viver a verdade, e, portanto, todos que saem da linha o negam em princípio e o ameaçam em sua totalidade.

Um místico ortodoxo russo do século XIX, São Serafim de Sarov, certa vez disse: "Dote-se do Espírito Santo, e milhares ao seu redor serão salvos." Nesse sentido, o que o verdureiro fez em um pequeno ato de rebelião pode funcionar como a centelha da revolução que salva a liberdade e a humanidade.

Uma pessoa que vive apenas para seu próprio conforto e sobrevivência, e que está disposta a viver uma mentira para proteger isso, é, diz Havel, "uma pessoa desmoralizada".

"O sistema que depende de tal desmoralização, que a aprofunda, na verdade a projeta na sociedade", escreve ele. "Viver em verdade, como a revolta humana contra uma posição forçada, é, pelo contrário, uma tentativa de retomar o controle sobre nosso próprio sentimento de responsabilidade."

Vaclav Havel publicou esse ensaio em 1978. Um ano depois, o governo comunista enviou o escritor causador de problemas de volta à prisão. Dez anos depois, Havel liderou uma revolução que derrubou pacificamente o regime e tornou-se o primeiro presidente de uma Tchecoslováquia livre.

Em tempo, um mero escritor, disposto a sofrer pela verdade, tomou o poder dos fanáticos totalitários que arregimentaram um Estado inteiro a serviço de mentiras. No feliz destino de Havel, vemos a verdade de um antigo provérbio russo, amado por Soljenítsin: "Uma palavra de verdade pesa mais que o mundo todo."

Depende de nós atualmente enfrentarmos esse desafio, não viver uma mentira e falar a verdade que derrota o mal. Como podemos fazer isso em uma sociedade construída sobre mentiras? Aceitando a vida fora da corrente principal, corajosamente defendendo a verdade e estando disposto a suportar as consequências. Tais desafios são assustadores, mas somos abençoados pelos exemplos dos santos que já se foram.

Escolha uma Vida Longe da Multidão

Estou sentado à mesa de refeições do padre Kirill Kaleda, dentro da aconchegante edificação de madeira que funciona como seu escritório. Uma neve tardia de outono cai lá fora, por cima do campo de tiros de Butovo, o campo na área florestal bem ao sul de Moscou, onde, em um período de 14 meses, entre 1937 e 1938, agentes da NKVD (polícia secreta) executaram cerca de 21 mil presos políticos — entre eles, 1.000 padres e bispos. Graças ao trabalho de ativismo do padre Kirill, o campo é agora um monumento nacional aos mortos. No dia em que o visitei, cidadãos russos se juntaram solenemente do lado de fora no frio para ler em voz alta os nomes de cada compatriota assassinado, para honrar suas memórias e para recordar o que o totalitarismo soviético fizera a eles.

"Como uma pessoa honesta vive sob o totalitarismo?", perguntei ao padre, um homem de ombros largos com uma barba espessa e olhos penetrantes.

"Com dificuldade", responde ele, rindo. "Claro que é difícil, mas, graças a Deus, havia pessoas que estavam dando seu melhor para construir suas vidas de tal modo que pudessem viver em verdade. As pessoas compreenderam que, se isso era a prioridade para viver em verdade, então teriam que se limitar de outras formas — o progresso de suas carreiras, por exemplo. Mas tomaram uma decisão e decidiram viver de acordo com ela."

O padre Kirill cresceu em uma família cristã ortodoxa com seis filhos. Nenhum deles se juntou à Liga da Juventude Comunista, a Komsomol.

"Quando era adolescente, queria estudar história", conta ele. "Meu pai me explicou que, no mundo soviético, tentar se envolver com história e não se envolver com a ideologia soviética era impossível. Então, virei geólogo. Diversas famílias antibolchevique enviaram seus filhos para estudarem ciências naturais, de modo a evitar o máximo possível a contaminação com a ideologia."

Recusar a filiação à Komsomol significava que não lhe permitiriam viajar para o exterior. Certa vez, quando aluno, ofereceram ao padre Kirill uma empolgante viagem de navio, saindo de Vladivostok, ao leste da costa soviética, descendo para a Austrália, depois, para Singapura, na sequência, subindo pelo Canal de Suez e regressando para casa passando pelo Mar Negro. Era um sonho que se tornaria realidade — mas teria que ser um membro da Komsomol para participar da viagem. Em vez de violar sua consciência, Kirill recusou e recomendou um amigo da Komsomol para que fosse em seu lugar. A viagem marítima mudou a vida de seu amigo.

"Até hoje, aquele amigo viaja muito pelos mares e oceanos", recorda o padre. Ele, por outro lado, cuida desse jardim de sagrada memória e pastoreia a nova igreja construída nas redondezas em honra aos mártires do jugo soviético.

Dois dias depois, estava em um café no coração de Moscou, escutando Yuri Sipko, um pastor batista aposentado, falar. Em sua sala de aula na aldeia, durante a década de 1950, na Sibéria, Sipko e seus colegas de classe ganharam um distintivo com o retrato de Lênin. Quando tinham onze anos, as crianças recebiam o lenço vermelho dos Pioneiros, um tipo de Escoteiros para a juventude comunista. Os professores treinavam as crianças com o slogan dos Pioneiros: "Esteja alerta. Sempre alerta."

"Não usei o broche com o rosto de Lênin nem o lenço vermelho. Eu era batista. Não faria aquilo", recorda Sipko. "Eu era o único da minha sala. Foram atrás dos meus professores. Queriam saber o que estavam fazendo de errado por terem um garoto em sua sala que não era um pioneiro. Pressionaram o diretor da escola também. Foram forçados a me pressionar para se salvarem."

Ser batista na Rússia soviética era saber que seria um excluído permanente. Eles aguentaram isso porque sabiam que a verdade estava incorporada em Jesus Cristo, e que viver longe d'Ele significaria viver uma mentira. Para os batistas, ceder às mentiras em prol de uma vida pacífica é curvar-se perante a morte.

"Quando penso sobre o passado, e sobre como nossos irmãos foram lançados à prisão e nunca voltaram, tenho certeza de que esse é o tipo de certeza que tinham", revela o velho pastor. "Eles perderam qualquer tipo de status. Foram menosprezados e ridicularizados na sociedade. Às vezes, até mesmo perderam seus filhos. Só porque eram batistas, o Estado estava disposto a pegar seus filhos e a enviá-los para orfanatos. Esses fiéis não conseguiam encontrar emprego. Seus filhos não podiam entrar nas universidades. E, ainda assim, eram fiéis."

Os batistas resistiram sozinhos, mas resistir foi o que fizeram. Se você foi discipulado em uma fé que leva a sério as palavras do apóstolo Paulo, que sofrer por Cristo é ganho, e se está preparado, como a família ortodoxa Kaleda estava, para viver com expectativas reduzidas de sucesso mundano, então fica mais fácil resistir pela verdade.

Rejeite o Duplipensamento — e Lute pela Liberdade de Expressão

Vladimir Grygorenko e Olga Rusanova, marido e esposa, imigraram em 2000 para os EUA, saindo da Ucrânia, e agora vivem no Texas. Eles me contaram que, se você cresce em uma cultura de mentiras, como foi o caso deles, não dá para saber que a vida poderia tomar outra forma.

"A cultura geral nos ensinou a duplipensar", afirma Grygorenko. "Essa era a vida normal."

"No Ensino Fundamental e no Médio, tínhamos que escrever redações, como as crianças normais da escola o fazem", informa Rusanova. "Porém, nunca podíamos escrever o que pensávamos sobre o assunto. Nunca, jamais. O assunto podia ser interessante, mas nunca podíamos dizer o que realmente pensávamos. Tínhamos de encontrar alguma outra maneira de relacioná-lo com o ponto de vista comunista."

Quando um povo cresce acostumado a viver mentiras, afastando os escritores tabu e conformando-se à história oficial, ele deforma sua maneira de pensar, diz Grygorenko — e isso é muito difícil de superar. Ele está preocupado com as pesquisas mostrando que o apoio dos norte-americanos à Primeira Emenda — que garante o direito constitucional à liberdade de expressão — está minguando, especialmente entre os mais jovens, que estão cada vez mais intolerantes às opiniões dissidentes. Grygorenko vê isso como um sinal de que a sociedade prefere a falsa paz da conformidade do que as tensões da liberdade. Passar a ser cada vez mais indiferente, até hostil, à liberdade de expressão é o suicídio de um povo livre.

"Neste país, o que precisamos fazer é proteger a liberdade de expressão", defende Grygorenko, que se tornou um orgulhoso cidadão estadunidense em 2019. "A Primeira Emenda é importante. Para nós, a constituição soviética não tinha valor. Todos sabiam que eram apenas palavras sem qualquer relação com a vida real. Neste país, a Constituição é valorosa. Temos um judiciário independente. Temos que protegê-la. Não precisamos inventar nada novo — apenas precisamos ter coragem para proteger o que já temos."

Defender o direito de falar e escrever livremente, até mesmo quando isso lhe custa algo, é o dever de cada pessoa livre. É o que diz Maria Wittner, heroína da revolta húngara de 1956 contra a ocupação soviética. Uma corte comunista a sentenciou à morte, na época, com apenas vinte anos, embora a pena tenha sido transformada posteriormente em prisão perpétua.

"Certa vez, disse a um dos guardas da prisão: 'Você está mentindo.' Por isso, apenas, fui levada ao tribunal novamente", recorda a enérgica Wittner. "O promotor público me disse: 'Wittner, por que você acusou o guarda de ser mentiroso?' Por que você não disse apenas: 'Você não está dizendo a verdade?' Respondi: 'É importante que sejamos francos.'"

Por sua insolência, ela foi enviada de volta à prisão com penas adicionais. Teve que dormir em uma cama de madeira e sem colchão, e reduziram sua quantidade de alimentos. Quando sua sentença foi alterada, e ela foi solta, Wittner mal pesava 45kg. Não obstante, ela insiste que um corpo destroçado é um preço que vale a pena ser pago para ter um espírito forte e imaculado.

"Vivemos em um mundo de mentiras, queiramos ou não. É o que acontece. Mas não devemos nos acomodar", conta-me ela, enquanto estamos sentados à sua mesa nos subúrbios de Budapeste. "Estaremos rodeados de mentiras — não temos escolha. Mas não a assimile. É uma decisão individual, se quer viver com medo ou na liberdade da alma. Se sua alma for livre, então seus pensamentos também o serão, e, assim, suas palavras serão livres."

Sob o totalitarismo duro, dissidentes como Wittner pagaram um alto preço pela liberdade, mas os termos do negócio estavam claros. Sob o totalitarismo brando, é mais difícil ver os custos de comprometer sua consciência, mas, como insiste Maria Wittner, não podemos fugir das decisões. Temos que viver em um mundo de mentiras, mas é nossa escolha se esse mundo vive em nós.

Valorize Dizer a Verdade — Mas Seja Prudente

Embora seja imperativo lutar contra a assimilação de mentiras, combatê-las não significa abrir mão de todos os compromissos. O cotidiano, em todas as sociedades, exige uma avaliação de quais lutas valem a pena ser lutadas em certos contextos. Embora devamos nos resguardar contra a racionalização, prudência não significa ser covarde.

Quando era escoteiro, o pai do húngaro Tamas Salyi foi relacionado com uma máquina de escrever na qual alguém criou propagandas antissoviéticas. O ano era 1946, e o Exército Vermelho ocupara a Hungria. Todos os escoteiros relacionados com a máquina de escrever sofreram punições — morte, exílio ou, no caso do idoso Salyi, prisão, sem quaisquer provas.

Em 1963, quando Tamas tinha apenas sete anos, chegou em casa vindo da escola e contou ao pai como o Exército Soviético liberara sua nação.

"Ele respondeu: 'Rapaz, senta aí'", recorda Tamas. "Ele começou a me contar histórias sobre a revolta de 1956 e sobre a invasão soviética. Mostrou-me a verdade e, ao terminar, alertou-me para que nunca mencionasse isso na escola."

Tamas olhou para baixo, mirando o piso de sua sala de estar em Budapeste.

"Temos muitos problemas hoje porque os pais nunca conversaram com os filhos, como meu pai o fez em 1963."

O ponto levantado por Tamás Sályi é que os pais tinham tanto medo de que os filhos fossem punidos por dizer a verdade inadvertidamente que escolheram não lhes contar a verdade de jeito nenhum sobre a história e sobre o regime de seu país. O pai de Salyi, embora soubesse a partir de experiências pessoais como os comunistas eram perversos, acreditava que o filho merecia saber a verdade — mas que também deveria ser ensinado a lidar com ela.

Judit Pastor, esposa de Tamas e professora de literatura de uma universidade católica, também testemunhou o pai sofrer perseguição — embora o destino dele tenha sido muito mais cruel. Ele foi demitido do cargo de jornalista militar por se recusar a jurar lealdade ao governo instalado pelos soviéticos, logo após a invasão de 1956.

Então, em 1968, indignado pela perseguição de etnias húngaras pelo governo comunista na vizinha Romênia, o pai de Judit foi a uma feira comercial em Budapeste, rasgou um pôster do ditador Nicolae Ceausescu na exibição romena e pisou nele. Com isso, conseguiu dezoito meses na cadeia.

Isso o devastou.

"Com base no método soviético, era uma prática comum rotular os presos políticos como doentes mentais e lhes conceder tratamento", relata Judit. "Aplicaram-lhe cinquenta eletrochoques. Ele sofreu um ataque cardíaco como resultado daquilo, mas nunca foi tratado. E isso não era incomum."

Quando o pai de Judit foi solto, era só uma casca. Foi diagnosticado com esquizofrenia, começou a receber auxílio-doença e sua vida foi reduzida às margens da sociedade. A mãe de Judit se divorciou dele após um tempo. Ninguém da família falou sobre isso. Nunca. Seu código de silêncio sobre o que foi feito ao pai de Judit foi um fardo insuportável para ela.

Hoje, porém, ela fala abertamente sobre o que o comunismo fez ao seu pai, sobretudo a seus alunos na universidade. Ela também está fazendo uma campanha para que o nome dele seja limpo postumamente. Isso também é uma questão de dizer a verdade.

"Foi uma luta constante para que eu conseguisse fazer as pessoas reconhecerem o que aconteceu com meu pai", desabafa ela. "Esteja você vivendo ou não sob opressão, deve travar uma luta contínua e constante pela verdade."

Judit conforta-se pelo fato de que um de seus filhos assumiu a causa pela qual seu avô basicamente deu sua vida: o flagelo da perseguida etnia húngara. Contudo, essa mulher, que vivenciou toda a destruição de sua família por causa da corajosa e perigosa decisão do pai de defender a verdade, diz que há muito a ser dito a respeito da oposição passiva.

"Às vezes, o silêncio é um ato de resistência. Não apenas defender a verdade comunicando-se em alto e bom som — mas mantendo o silêncio quando não esperam isso de você. Isso, também, é dizer a verdade."

Veja, Julgue, Aja

A ditadura do pensamento e da palavra em desenvolvimento pelos progressistas é um regime baseado em mentiras e em propaganda. A maioria dos conservadores, sejam ou não cristãos, reconhece isso de certa forma, mas poucos percebem as ramificações mais profundas da aceitação de tais mentiras. O "politicamente correto" é uma chatice; essas mentiras corrompem a habilidade das pessoas de pensarem com clareza sobre a realidade.

Uma vez que percebemos que o sistema funciona à base de mentiras, quando formos confrontados por essas mentiras, devemos manter-nos o mais firmes possível naquilo que sabemos ser a verdade e o real. Recuse-se a deixar que a mídia e as instituições propagandeiem seus filhos. Ensine-os como identificar mentiras e como refutá-las. Faça seu melhor para não fazer parte da mentira — não em prol de uma vantagem profissional, de status pessoal ou por qualquer outro motivo. Por vezes, terá de agir abertamente para confrontar diretamente a mentira. Em outras, lutará contra ela ao permanecer silente, não dando a provação exigida pelas autoridades. Talvez tenha que erguer a voz para defender alguém que está sendo difamado pelos propagandistas.

Julgar como e quando confrontar a mentira depende das circunstâncias individuais, é óbvio. Como o padre Kaleda diz, a fé não exige que busquemos ativamente uma oportunidade para o martírio. A maioria das pessoas será forçada pelas circunstâncias e pela responsabilidade com suas famílias a serem algo menos que um Soljenítsin. Isso não necessariamente as torna covardes.

Porém, tenha cuidado para não permitir que o raciocínio prudente vire uma racionalização. Essa é a base do *ketman* — e entregar-se a esse tipo de autodefesa destruirá sua alma com o passar do tempo. Seu consentimento com as mentiras do sistema pode lhe comprar a segurança, mas a um preço insuportável. Se não conseguir imaginar *nenhuma* situação na qual agiria como o verdureiro ficcional de Havel, e viver a verdade a qualquer custo ou consequência, então a covardia tem um espaço maior em sua consciência do que você sabe.

Os valores de uma sociedade são transportados nas histórias que ela escolhe contar sobre si mesma e nas pessoas a quem deseja honrar. O verdureiro de Havel é um mito que ensina uma lição sobre a importância de testemunhar à verdade, não importam as consequências; as histórias de heróis nacionais da vida real (como Maria Wittner) e de resistentes menos conhecidos (como o pastor Yuri Sipko e o padre Kirill Kaleda) reiteram o mesmo ponto. É importante que todas elas também sejam contadas, e recontadas, como um guia para os outros, incluindo aquelas gerações ainda não nascidas. Os totalitários, tanto os brandos como os duros, sabem disso, e é por isso que fazem um esforço tão grande para controlar a narrativa comum.

CAPÍTULO SEIS

Cultive a Memória Cultural

> Quem controla o passado controla o futuro; quem controla o presente controla o passado.
>
> **SLOGAN DO PARTIDO,** *1984*

Recentemente, uma residente da Califórnia de 26 anos, animada e com brilho nos olhos, disse-me que se considera comunista. "É simplesmente bonito demais esse sonho de todo mundo ser igual", soltou ela. Quando me perguntou em que eu estava trabalhando, respondi que era nas lutas de Alexander Ogorodnikov, um dissidente cristão que foi preso e torturado pelos soviéticos, e que o tinha entrevistado recentemente em Moscou. Ela ficou em silêncio.

"Você não sabe sobre o gulag?", perguntei, ingenuamente.

É claro que não sabia. Ninguém jamais lhe contara. Nós, seus pais e seus avós, falhamos com sua geração. E caso ela não desenvolva uma curiosidade sobre o passado, falhará consigo mesma.

Ela não é a única. Todos os anos, a Fundação pela Memória das Vítimas do Comunismo, uma organização educacional e de pesquisa, sem fins lucrativos e criada pelo congresso dos EUA, realiza uma pesquisa com os norte-americanos para verificar suas atitudes em relação ao comunismo, ao socialismo e ao marxismo em geral. Em 2019, a pesquisa revelou que um número chocante de pessoas das gerações do pós-Guerra Fria tem visões favoráveis em relação ao radicalismo esquerdista, e que apenas 57% dos millennials acredita que a Declaração da Independência oferece uma garantia melhor da "liberdade e igualdade" do que o *Manifesto Comunista*. A religião política que assassinou dezenas de milhões de pessoas, que aprisionou e torturou incontáveis outras e que levou à miséria metade da humanidade daquela época, e cuja derrota exigiu um combate agonizante dos aliados de vários países, partidos políticos e gerações do mundo todo — tal ideologia odiosa é romantizada pelos jovens ignorantes.[1]

Ao escrever para a *Harvard Crimson*, em 2017, a aluna de graduação Laura Nicolae, cujos pais suportaram os horrores do comunismo romeno, levantou a voz contra a falsificação da história estudada por seus colegas das principais universidades, tanto nas aulas como na tendência marxista da cultura intelectual estudantil.

"O retrato do comunismo feito nas universidades pinta a ideologia como sendo revolucionária ou idealística, subestimando sua violência autoritária", escreve ela. "Em vez de aprofundar nossa compreensão do mundo, a experiência universitária nos ensina a reduzir uma das ideologias mais destrutivas da história humana a uma narrativa unidimensional e depurada de suas ofensas."[2]

Esquecer as atrocidades do comunismo já seria ruim o suficiente. Mas o que é ainda mais perigoso é o hábito de olvidar nosso passado. O romancista tcheco Milan Kundera secamente observa que ninguém defenderá os gulags hoje em dia, mas o mundo permanece cheio de otários que acreditam nas falsas promessas utópicas que os trazem à existência.

"Não saber o que aconteceu antes do teu nascimento seria para ti a mesma coisa que permanecer criança para sempre", disse Cicero. É por isso, explica Kundera, que os comunistas deram tanta ênfase à conquista das mentes e dos corações dos jovens. Em seu romance *O Livro do Riso e do Esquecimento*, Kundera recorda um discurso proferido pelo presidente tcheco Gustav Husak a um grupo de Jovens Pioneiros, instando-os a continuarem exigindo o paraíso marxista da paz, da justiça e da igualdade.

> *"Meus filhos, nunca olhem para trás", exclamou [Husak, personagem de Kundera], e o que queria dizer era que nunca devemos permitir que o futuro se desmorone sob o fardo da memória.*[3]

A perda de uma memória histórica coletiva — não apenas a memória do comunismo, mas aquela compartilhada por nosso passado cultural — no Ocidente está fadada a causar um efeito devastador em nosso futuro. Não é que o esquecimento dos males comunistas signifique que estaremos em perigo de recriar exatamente tal forma de totalitarismo. Mas que o ato de esquecimento em si nos torna vulneráveis ao totalitarismo em geral. Dito de outro modo, não apenas precisamos nos lembrar do totalitarismo para criar uma resistência contra ele; precisamos nos lembrar de como relembrar, ponto.

Por que a Memória é Importante

Tudo que há na sociedade moderna foi projetado para criar memórias — históricas, sociais e culturais — que são difíceis de serem cultivadas. Os cristãos devem entender que isso não é apenas resistir ao totalitarismo brando, mas, também, transmitir a fé às gerações vindouras.

Em seu livro *How Societies Remember* ["Como as Sociedades se Lembram", em tradução livre], publicado em 1989, o falecido antropólogo social britânico Paul Connerton explica que há diferentes tipos de memória. A memória histórica é uma recordação objetiva de eventos passados. A memória social refere-se ao que as pessoas escolhem se lembrar — isto é, a decisão coletiva de quais fatos sobre os eventos passados elas acreditam ser importantes. A memória cultural constitui as histórias, os eventos, as pessoas e outros fenômenos que uma sociedade escolhe recordar como os fundamentos de sua identidade coletiva. Os deuses de uma nação, seus heróis, vilões, marcos, arte, música e feriados — tudo isso faz parte de sua memória cultural.

Connerton diz que "os partícipes de qualquer ordem social devem pressupor uma memória compartilhada".[4] A memória sobre o passado condiciona como experienciam o presente — quer dizer, como captam seu significado, como devem entendê-lo e o que se espera que façam com ele.

Não há cultura ou pessoa que possa se lembrar de tudo. A memória de uma cultura é o resultado de seu filtro coletivo dos fatos para produzir uma história — história essa que a sociedade conta a si mesma para lembrar-se de quem é. Sem a memória coletiva, não há cultura, e, sem cultura, não há identidade.

Quanto mais totalitária é a natureza de um regime, mais ele tentará forçar as pessoas a se esquecerem de suas memórias culturais. Em *1984*, o papel de Winston Smith dentro do Ministério da Informação é apagar todos os registros jornalísticos de eventos passados para refletir as prioridades políticas correntes do Partido. Isso, disse o intelectual e ex-comunista polonês Leszek Kolakowski, reflete "a grande ambição do totalitarismo — a posse e o controle totais da memória humana".

"Consideremos o que acontecerá quando esse ideal for efetivamente alcançado", propõe Kolakowski. "As pessoas lembrar-se-ão apenas daquilo que foram ensinadas a recordar hoje, o conteúdo de sua memória se alterará do dia para a noite, caso necessário."[5]

Sabemos, a partir da história do totalitarismo comunista, como isso pode ser alcançado por meio de um monopólio estatal total da informação, incluindo o controle ideológico da educação e da mídia. A experiência de Laura Nicolae em Harvard, onde as próximas gerações das elites norte-americanas e globais são treinadas, sugere como isso pode ser realizado até mesmo em países livres: ensinando aos aspirantes às posições de liderança o que é importante lembrar e o que não é.

Não é novidade para os conservadores ocidentais que os ideólogos no poder, tanto nas salas de aula como nas redações dos jornais, manipulam a memória coletiva de modo a definir o futuro. O que está muito menos presente nas consciências das pessoas modernas, assegura Connerton, é como a forma liberal democrática e capitalista da vida faz a mesma coisa involuntariamente.

A essência da modernidade é negar que há quaisquer histórias, estruturas, hábitos ou crenças transcendentais às quais as pessoas devem se submeter e que deveriam obrigar nossa conduta. Ser moderno é ser livre para escolher. *O que* é escolhido não importa; o significado está na escolha em si. Não há uma ordem sagrada, não há virtudes fixas e verdades permanentes. Há apenas o aqui e agora, e a eterna chama da paixão humana. *Volo ergo sum* — Quero, portanto, existo.

As memórias culturais funcionam para legitimar a ordem social presente, diz Connerton. É por isso que as pessoas em "grupos subordinados" — isto é, as minorias sociais — têm tanta dificuldade para manter suas memórias culturais. Mantê-las vivas significa lutar contra a ordem dominante.

O comunismo tinha uma peculiar visão ideológica que lhe exigia destruir as tradições, incluindo o cristianismo tradicional. Nada fora da ordem comunista poderia ter sua existência permitida. De maneira similar, no capitalismo contemporâneo, a memória cultural está subordinada à lógica do livre mercado, cujos mecanismos respondem à libertação do desejo individual. Hoje em dia, os cristãos têm dificuldades de transmitir sua fé aos jovens, em grande parte porque todos nós nos tornamos habituados com um modo de vida no qual há poucos costumes e crenças compartilhados, se é que há algum, que transcendam o individualismo. Foi isso que o cardeal Joseph Ratzinger quis dizer, na véspera de sua eleição como papa Bento XVI, quando condenou "a ditadura do relativismo".[6]

Àqueles que querem manter viva a memória cultural, Connerton adverte que não é suficiente transmitir informações históricas à juventude. As verdades carregadas pela tradição devem ser vividas subjetivamente. Quer dizer, elas devem ser não apenas estudadas, mas também incorporadas nas práticas sociais compartilhadas — palavras, certamente, mas, ainda mais importante, atos. As comunidades devem ter "modelos vivos"[7] de homens e de mulheres que promulguem essas verdades em seus cotidianos. Nenhuma outra coisa funciona.

Tamas Salyi, o professor de Budapeste, diz que os húngaros sobreviveram à ocupação alemã e ao regime de marionetes soviético, mas que trinta anos de liberdade destruíram mais memórias culturais do que as eras anteriores. "O que nem o nazismo nem o comunismo conseguiram fazer, o vitorioso capitalismo liberal o logrou", reflete ele.

A ideia de que o passado e suas tradições, incluindo a religião, são um fardo intolerável à liberdade individual foi um veneno lançado pelos húngaros, acredita ele. Sobre os progressistas de hoje, Salyi diz: "Penso que eles realmente acreditam que, se apagarem toda a memória do passado e transformarem todos em recém-nascidos, então poderão escrever o que bem quiserem nessa página em branco. Se pensarmos sobre isso, veremos que não é tão fácil manipular as pessoas que sabem quem são, arraigadas na tradição."

Verdade. É por isso que Hannah Arendt descreveu a personalidade totalitária como "o ser humano completamente isolado". Alguém que é cortado da história é uma pessoa praticamente sem forças contra o poder.

O comunismo foi um uso maciço de poder estatal letal para destruir a memória. Voltando aos EUA, Olga Rusanova, crescida na Sibéria e naturalizada norte-americana, diz: "Na União Soviética, eles matavam todas as pessoas que conseguiam se lembrar da história." Isso facilitou que criassem uma falsa história que servisse às necessidades do regime.

É fato que, no final do período soviético, a maioria das pessoas parara de acreditar na linha comunista. Mas isso não significa que elas sabiam o que era a verdade. Como diz o historiador Orlando Figes a respeito daqueles que atingiram a maioridade após a revolução bolchevique, de 1917: "Para qualquer um com menos de trinta anos que conheceu apenas o mundo soviético ou que não herdou valores de sua família, era quase impossível sair do sistema de propagandas e questionar seus princípios políticos."[8]

Crie Pequenas Fortalezas de Memória

A observação de Figes aponta uma fonte de resistência: a família e as memórias culturais por ela transmitidas. Paul Connerton destaca outra: a religião.

Ambas surgiram na minha conversa com Pawel Skibinski, um dos principais historiadores da Polônia, e diretor do Museu João Paulo II, em Varsóvia.

Estamos falando sobre o que Karol Wojtyla, o grande papa anticomunista, tinha para nos ensinar sobre a resistência ao novo totalitarismo brando.

Quando os nazistas invadiram a Polônia, sabiam que conseguiriam subjugar o país pela superioridade de suas armas. Porém, os planos de Hitler para aquele país eram destruir os poloneses como povo. Para tanto, os nazistas precisavam destruir duas coisas que lhes davam a identidade: a fé católica compartilhada e a percepção de si mesmos como nação.

Antes de ingressar no seminário, em 1943, Wojtyla era ator em Cracóvia. Ele e seus colegas do teatro sabiam que a sobrevivência da pátria polonesa dependia de que sua memória cultural permanecesse viva em face do esquecimento forçado. Eles escreviam e atuavam em peças — o próprio Wojtyla escreveu três delas — sobre a história nacional polonesa e sobre o cristianismo católico. Tais atuações eram feitas secretamente, para públicos clandestinos. Caso a Gestapo descobrisse a verdade, os atores e seu público teriam sido enviados para os campos de prisão ou mortos a tiros.

Nem todos os membros da resistência antitotalitária carregam um rifle. Os rifles teriam sido inúteis demais contra o exército alemão. A persistência da memória cultural era a principal arma que os poloneses tinham para resistir ao totalitarismo nazista e ao soviético, que tomou a nação após a derrota alemã.

Na Polônia, explica Skibinski, as únicas instituições sociais de longa duração que existiam eram a Igreja e a família. No século XX, os totalitarismos gêmeos tentaram capturar e destruir a Igreja Católica polonesa. O comunismo tentou destruir a família ao manter um monopólio na educação e ao ensinar aos jovens a serem dependentes do Estado. O regime também buscou atrair os jovens para longe da igreja ao convencê-los de que o Estado garantiria sua liberdade sexual.

"A coisa é que, agora, tais tendências vêm do Ocidente, que sempre admiramos e consideramos um lugar seguro", aponta ele. "Mas, agora, muitos poloneses começam a desenvolver a percepção de que o Oriente já não é seguro para nós."

"O que vemos agora é uma tentativa de destruir as últimas comunidades sobreviventes: a família, a igreja e a nação. Essa é uma conexão entre o liberalismo e a teoria comunista."

Skibinski foca a linguagem como mantenedora da memória cultural. Sabemos que os comunistas proibiram as pessoas de falarem sobre história de maneiras não aprovadas. Essa é uma tática que os progressistas de hoje também usam, especialmente nas universidades.

O que é mais difícil para as pessoas compreenderem hoje é como estamos repetindo o hábito marxista de falsificar a linguagem, esvaziando palavras familiares e substituindo-as por um significado novo e ideológico. A propaganda não apenas muda a forma como pensamos sobre a política e sobre a vida atual; ela também condiciona o que uma cultura julga digno de ser lembrado.

Menciono a forma como os liberais hoje em dia empregam palavras neutras, ou até positivas, como "diálogo" e "tolerância" para desarmar e, em última instância, derrotar os conservadores desatentos. E eles imbuem outras palavras e expressões — "hierarquia", por exemplo, ou "família tradicional" — de conotações negativas.

Ao recordar a vida sob o comunismo, o professor continua: "As pessoas que viveram apenas dentro de tal esfera linguística, que não conheciam nenhuma outra forma de falar, poderiam realmente começar a acreditar nessa maneira de usar as palavras. Se uma palavra carrega uma bagagem negativa, fica impossível ter um debate sobre o fenômeno."

É desafiador ensinar as gerações atuais de universitários, que cresceram na era pós-comunista, porque eles não têm uma imunidade natural ao abuso ideológico da linguagem. "Para mim, fica óbvio. Lembro-me desse falso uso da linguagem. Mas, para nossos alunos, é impossível de entender."

Como as pessoas mantiveram sua percepção da realidade sob as condições comunistas? Como sabiam do que se lembrar e como se lembrar? A resposta é que criaram pequenas comunidades distintas — especialmente as famílias e as fraternidades religiosas — nas quais era possível falar honestamente e incorporar a verdade.

"Elas tinham espaços sociais nos quais o significado real das palavras era preservado", explica ele. "Para mim, é menos importante discutir com tal cosmovisão" — ou seja, o progressismo — "do que descrever a realidade como é. Por exemplo, nossa tarefa é mostrar às pessoas como é uma família normal e monogâmica".

Parafraseando Orwell, em *1984*, carregamos conosco o legado humano ao nos mantermos fundamentados na realidade, e não ao ganharmos uma discussão.

Transforme a Pólis Paralela em Cidades-santuário

As famílias e as irmandades religiosas eram um lugar de refúgio. Da mesma forma o eram os seminários educacionais. Essas coisas eram parte de um conceito comunal denominado por um dissidente proeminente como a "pólis paralela".

Sob o comunismo, o matemático tcheco e ativista de direitos humanos Vaclav Benda sabia que não havia lugar em praça pública no qual os não comunistas tinham voz sobre como o país deveria ser governado. Os comunistas mantinham um monopólio na política, na mídia e nas instituições da vida tcheca. Porém, Benda recusou-se a aceitar que os dissidentes não tivessem escolha além de se resignarem e se entregarem.

Ele surgiu com a ideia da *pólis paralela* — um conjunto alternativo de estruturas sociais dentro do qual a vida social e intelectual poderia ser vivida fora da aprovação oficial. A pólis paralela era uma tentativa fundamental para lutar contra o totalitarismo, que ordenava, nas palavras de Benda, "o abandono da razão e do aprendizado [e] a perda das tradições e da memória".[9]

"O poder totalitário estendeu-se para além da esfera política para incluir tudo, inclusive a fé, o pensamento e a consciência de cada um", escreve ele. "A primeira responsabilidade de um cristão e de um ser humano é, portanto, opor-se a tal obrigação inapropriada da esfera política, *ergo*, resistir ao poder totalitário."

Uma instituição-chave da pólis paralela era o seminário realizado em lares particulares. Nesses eventos, os acadêmicos falavam sobre assuntos proibidos — história, literatura e outros temas culturais necessários à manutenção da memória cultural. A pólis paralela de Bendis não era uma mera federação de grupos de discussão passando o tempo conversando sobre temas intelectuais e artísticos. Pelo contrário, seu propósito motivador era primeiramente a preservação cultural ante o aniquilamento e, com isso, o cultivo das sementes da renovação.

Sir Roger Scruton era um dos poucos acadêmicos ocidentais que participavam desses seminários e até ajudou a estabelecer uma universidade clandestina que secretamente concedia os diplomas. Outros proeminentes intelectuais ocidentais, incluindo o filósofo Charles Taylor e o crítico literário Jacques Derrida, uniram-se à luta. Derrida, assim como Scruton, foi preso pela polícia secreta tcheca, sendo declarado como uma "pessoa indesejável".

Quando ele e seus colegas acadêmicos britânicos começaram a visitar a Tchecoslováquia comunista, no final da década de 1970, contou-me Scruton, ficaram impressionados ao descobrir que os tchecos "estavam determinados a abraçarem seu legado cultural porque consideravam que nele estava a verdade, não apenas sobre sua história, mas a verdade sobre sua alma, sobre o que fundamentalmente são. Foi isso que os comunistas não conseguiram tirar".

Scruton e seus colegas acadêmicos descobriram que os alunos tchecos estavam sedentos por conhecimento, e não apenas por teorias. Queriam aprender de modo que soubessem como viver, especialmente sob uma ditadura de mentiras. Seguindo essa linha, em *As Memórias de Underground*, seu romance publicado em 2014 que retrata a Tchecoslováquia dos anos 1980, o protagonista de Scruton, um jovem chamado Jan, encontra seu rumo nos círculos de dissidentes em Praga. Seu guia lhe diz o que esperar:

> *E, acrescentou ele, havia seminários especiais de tempos em tempos, com visitantes do Ocidente, que nos informavam sobre os últimos estudos e nos ajudavam a nos lembrarmos. "Lembrar-se do quê?", perguntei. Ele me olhou profunda e longamente. "Para nos lembrarmos de quem somos."*[10]

Tais seminários estabeleceram o que Scruton, citando o dissidente tcheco Jan Patocka, descreveu como "a solidariedade dos quebrantados". Consistiam em um ato de responsabilidade dos mais velhos — aqueles que ainda se lembravam do que era real — em relação aos mais jovens. Não era mais possível confiar nas instituições formais da vida tcheca — sendo as universidades as primeiras delas — para que dissessem a verdade e transmitissem as memórias culturais que contavam ao povo quais eram essas verdades. No entanto, era necessário desempenhar a tarefa ou, como disse Milan Hübl, o povo tcheco desapareceria.

Dê um Testemunho Comunitário às Gerações Futuras

Há um campo bem ao sul de Moscou, chamado de Campo de Tiros de Butovo. Sob a regra soviética, ele pertencia à polícia secreta, a NKVD, que o utilizava para a prática de tiros. Durante o auge do Grande Terror stalinista, um período de 14 meses entre 1937 e 1938, a NKVD matou 20.761 presos políticos nesse campo — a maioria com um tiro na nuca — e os enterrou lá.

Em 1995, quatro anos após o colapso da União Soviética, a Igreja Ortodoxa russa tomou posse do campo de Butovo. Hoje, há uma minúscula capela de madeira no local, e uma grande igreja de pedra ali perto dedicada aos mártires do período soviético. O campo em si é um local de memória nacional, onde permanece um monumento aos mortos, com o nome de cada um entalhado em um muro de granito, com a data de suas mortes.

No dia 30 de outubro, a Rússia inteira observa o Dia de Lembrança nacional pelas vítimas da violência política. No campo de Butovo, os russos reúnem-se no local para ler em voz alta os nomes dos que foram assassinados. Lá estava eu, em uma área descoberta, cercada apenas por árvores, a neve caindo sobre um soturno grupo de russos colados uns aos outros, observando esse ritual de memória coletiva. Após um momento, meu intérprete, Matthew Casserly, e eu caminhamos até uma exibição no perímetro do local, no qual a história do campo de Butovo é contada em russo.

Um senhor usando uma boina escuta Matthew traduzindo russo para mim. Ele se aproxima, apresenta-se como Vladimir Alexandrovich, e pergunta o que nos traz a Butovo naquele dia. Matthew responde que seu amigo norte-americano está lá para aprender sobre a era comunista, porque imigrantes no Ocidente estão percebendo sinais de um potencial renascimento do regime por lá.

O quê, por exemplo?, pergunta Vladimir Alexandrovich. Respondo mencionando que as pessoas estão com medo de perder seus empregos por dissidiar da ideologia esquerdista.

"Perder empregos?", rebate ele. "É um mau sinal. Pode acontecer de novo, você sabe. Os jovens não sabem disso e não querem saber. A história sempre se repete, de uma forma ou de outra."

Matthew e eu nos dirigimos ao grande chalé de madeira que funciona como escritório de memória nacional. O padre Kirill Kaleda, que conheci anteriormente nessa história, é o padre ortodoxo russo que supervisiona o santuário e a igreja ali perto. Ele é responsável principalmente por convencer o Estado russo a manter aquela terra ensopada de sangue como um local de memórias — e, espera ele, de arrependimento. Passou a manhã contando aos alunos de uma escola da região sobre a história do local.

Na medida em que nos preparamos para nos sentar, com o padre Kirill, a uma mesa redonda repleta de arenque, saladas, queijos, pães e outras delícias para que os peregrinos daquele dia se alimentassem, comento com o padre sobre o que acabáramos de ouvir daquele senhor: que Butovo poderia acontecer novamente.

"Infelizmente, ele está certo", lamenta o padre. "Pude ver claramente que os jovens aos quais falava hoje não sabem nada sobre o que aconteceu aqui. Quando comecei a explicar sobre coisas muito simples, deu para perceber que não sabiam nada."

São jovens que vivem perto o bastante do campo de Butovo, de modo que teriam escutado os tiros das armas durante o Grande Terror. Os sinais do assassinato em massa lá foram preservados em granitos, para que todos vejam. Contudo, se não fosse a visita do padre Kirill às suas salas de aula para lhes contar a história, os bisnetos da geração assassinada não teriam um pingo de preocupação com a memória do assassinato em massa.

O padre Kirill tinha 33 anos quando a União Soviética caiu. Esse homem, que cresceu na cultura das mentiras oficiais e que doa sua vida à manutenção da memória histórica dos crimes bolcheviques, enfatiza que a propaganda não morreu com a URSS.

"Apesar do fato de que há muitas informações disponíveis, vemos que muita propaganda ainda está disponível também. Pense no que está acontecendo agora na Ucrânia", propôs ele, referindo-se ao conflito armado entre os separatistas, apoiados pela Rússia e pelo governo de Kiev.

"Vimos como a TV mudou a nós, os russos, sobre o que pensamos deles, para que não os consideremos mais como nossa família, passando a vê-los como inimigos", relata ele. "Os mesmos métodos da era comunista estão sendo usados. As pessoas hoje têm uma responsabilidade de pesquisar mais informações, além das que lhes são apresentadas na TV, e de saber como ter um olhar crítico sobre tudo o que leem e veem. Essa é a diferença entre antes e agora."

O ponto por ele levantado é que as memórias culturais que os russos têm em proximidade com os ucranianos estão sendo apagadas, graças à propaganda.

Conforme a conversa de desenrola, aparece do frio uma mulher e toma assento à mesa. É Marina Nikonovna Suslova, a oficial de Moscou responsável por recuperar os nomes dos presos políticos. Ela tem uma paixão pelo trabalho de preservação da memória do que o comunismo fez para os oprimidos. Fica visivelmente impaciente com a modéstia do padre em nosso bate-papo e entra na conversa.

"Esse memorial não existiria se não fosse por sua fé!", exclama ela ao padre. Então, volta-se a mim.

"O padre Kirill é uma figura histórica na Rússia, e sempre será, porque foi sua fé que lhe permitiu criar esse complexo memorial", explica ela. "Especificamente sua fé foi a inspiração. Esse complexo histórico não apenas oferece uma perspectiva diferente da história, mas também um sentimento. E está contando a verdade que precisa ser contada."

E está sendo — além de contar que a verdade não reside apenas nas palavras, mas em sua incorporação no lugar e no ritual.

Veja, Julgue, Aja

A memória, seja histórica ou de outro tipo, é uma arma de autodefesa cultural. A história não é apenas aquilo escrito nos livros didáticos. Ela permeia as histórias que contamos a nós mesmos sobre quem fomos e sobre quem somos. Está incrustada na linguagem que usamos, nas coisas que fazemos e nos rituais que observamos. A história é cultura — e, assim, também o cristianismo. Ser indiferente ou até hostil com a tradição é entregar-se àqueles no poder que querem legitimar uma nova ordem política e social. Perceber a importância crucial da memória e o papel que a cultura desempenha em preservá-la e transmiti-la é de vital importância para a sobrevivência do cristianismo.

Precisamos contar nossas histórias — na literatura, nos filmes, no teatro e em outras mídias —, porém também devemos manifestar nossa memória cultural em atos comunitários — no luto e na celebração, nas recordações solenes e na alegria festiva. Os muitos russos que estavam no campo de Butovo sob aquela fria chuva de outono para recitar os nomes daqueles assassinados — isso foi um ato comovente de memória cultural. De igual modo, foram as apresentações teatrais de Wojtyla e de seu grupo, dentro de portas fechadas na Polônia ocupada. Seminários sobre literatura, história, filosofia e teologia, realizados pelos dissidentes em seus apartamentos para ajudar uns aos outros a lembrarem-se de quem eram — tais são as coisas que os cristãos de nossa era nas sociedades pós-cristãs devem reviver. O cristianismo clássico, tanto nas instituições como nos lares, é uma ótima maneira de reviver e de preservar a memória cultural. De forma menos acadêmica, podemos celebrar os festivais, fazer peregrinações, observar as práticas de dias sagrados, rezar, apresentar concertos e danças, aprender e ensinar receitas tradicionais — qualquer tipo de ato coletivo que conecte a comunidade com sua história sagrada e secular compartilhada vividamente é um ato de resistência a um etos que diz que o passado não importa.

Menos formalmente, os atos cotidianos dentro dos lares são mais poderosos do que se pensa. A forma pela qual os cristãos falam sobre Deus e tecem as histórias da Bíblia e a história da igreja no tecido da vida doméstica é de imensa significância, precisamente porque tais coisas são muito comuns. Esse é o treinamento tanto dos filhos como dos pais em memória cultural. A linguagem usada pelos cristãos — as palavras, as metáforas — é importante, assim como as orações coletivas e os símbolos empregados para incorporar e transmitir significado ao longo das gerações. Talvez não consigamos comunicar tal significado para um mundo que ficou insano; mas, como Orwell bem sabia, ao simplesmente permanecermos sãos, quando todos estão loucos, talvez possamos transmitir o legado humano.

CAPÍTULO SETE

As Famílias São Células de Resistência

É na família que aprendemos primeiramente a amar os outros. Se tivermos sorte, também será o lugar no qual primeiramente aprenderemos a viver em verdade.

O afrouxamento dos laços familiares e dos tradicionais compromissos matrimoniais deixou os ocidentais sem aquele tipo de refúgio no lar que os dissidentes anticomunistas tinham. Lamentavelmente, os cristãos ocidentais não são diferentes em específico dos não fiéis.

Há um modelo forte de resistência antitotalitária baseado na família cristã: o clã Benda, de Praga. Os Benda formam uma grande família católica que sofreu enormemente em 1979, quando o Estado da Tchecoslováquia sentenciou seu patriarca, Vaclav, a quatro anos de prisão, devido a suas atividades de luta pelos direitos humanos.

Vaclav Benda e sua esposa, Kamila, ambos acadêmicos, estavam entre os únicos cristãos fiéis trabalhando no nível mais alto do movimento tcheco de dissidência. Não era fácil viver como cristão em Praga naquela época, e não apenas por causa do regime ateu. Naqueles dias, os tchecos e os eslovacos estavam unidos em um Estado, mas culturalmente eram muito distintos. Os eslovacos eram católicos fervorosos e, sendo uma nação independente hoje, ainda permanecem como um dos povos mais devotos da Europa. Há tempos os tchecos são mais seculares, e, embora seu país continue sendo culturalmente conservador em relação às nações da Europa ocidental, fica atrás apenas da França como a nação mais ateia daquele continente.

"A Família e o Estado Totalitário"

"A igreja católica clandestina era a fonte principal da resistência aqui", contou-me uma fonte eslovaca. "Mas lá" — quer dizer, a metade tcheca do antigo Estado comunista — "a resistência cristã era a família Benda".

Isso não é exatamente verdade. Houve outros dissidentes tchecos católicos e protestantes, mesmo dentro do movimento Carta 77, que os Benda ajudaram a liderar. Mas o exagero retórico dos eslovacos ainda assim diz algo sobre a estima com a qual essa família de Praga é levada no coração e na mente de muitos que lutaram contra o comunismo em seu país.

Vaclav Benda, pai de seis filhos, acreditava que a família é a pedra fundamental da civilização, e que deve ser nutrida e protegida, custe o que custar. Ele estava intensamente consciente da ameaça que o comunismo lançava à família, e refletia de forma profunda sobre o papel que a família tradicional deveria assumir na criação da resistência cristã anticomunista. No inverno de 1987–1988, Benda escreveu um pequeno ensaio intitulado "A Família e o Estado Totalitário", no qual explicou suas crenças fundamentais e o que deve ser feito para ajudar a família a perdurar, perante um governo e uma ordem sociais empenhados em destruí-la.[1]

No ensaio, Benda disse que devemos nos livrar "dos clichês regulares sobre a libertação" das obrigações tradicionais do casamento e da família. No

AS FAMÍLIAS SÃO CÉLULAS DE RESISTÊNCIA

modelo cristão, o casamento e a família oferecem três presentes que são urgentemente necessários para os fiéis que estão lutando dentro de uma ordem totalitária.

O primeiro é a fecunda irmandade do amor,

> na qual estamos vinculados aos nossos vizinhos, sem perdão da virtude apenas por nossa proximidade; não na base do método, dos direitos e das prerrogativas, mas pela virtude da necessidade mútua e sua reciprocidade afetuosa — incidentalmente, embora completamente desmotivada pelas noções de igualdade e conflito permanente entre os sexos.[2]

O segundo é a liberdade,

> a nós concedida tão absolutamente que, até sendo finitos e, no curso de nossas condições de mundo, aparentemente seres arraigados, conseguimos tomar decisões permanentes e eternas; cada promessa matrimonial que é cumprida, cada fidelidade em desafio à adversidade, é uma provocação de nossa finitude, algo que nos eleva — e tendo sido todos criados corporalmente — mais alto que os anjos.[3]

O terceiro presente é a dignidade individual dentro da irmandade da família.

> Em praticamente todos os outros papéis sociais somos substituíveis e podemos deles ser dispensados, correta ou incorretamente. No entanto, tal cálculo frio da justiça não reina entre marido e esposa, entre filhos e pais, mas, em vez disso, a lei do amor. Mesmo onde o amor fracassa completamente... e com tudo o que acompanha esse fracasso, o apelo da responsabilidade compartilhada para a salvação mútua permanece, impedindo-nos de desistir de filhos indignos, de esposas traidoras e de pais debilitados.[4]

Benda não era utópico com relação à família. Ele reconhecia que as famílias são humanas demais, e repletas de fracassos e de fraquezas. No passado, porém, a família podia depender do mundo exterior para apoiar sua missão

— e, por sua vez, as famílias fortes produziam cidadãos capazes de criar sociedades civis capazes. No entanto, sob o comunismo, a família passou a sofrer de um ataque direto e sustentado por parte do governo, que viu sua soberania como uma ameaça ao controle estatal de todas as pessoas. Benda escreve: "O terror intelectual da esquerda conseguiu o que pretendia: o casamento e a família tornaram-se instituições extremamente problemáticas."

As famílias tradicionais, cristãs ou não, vivendo no capitalismo liberal do pós-comunismo de hoje em dia, sabem muito bem que o ataque esquerdista ao casamento tradicional e à família teve início no Ocidente com a Revolução Sexual, nos anos 1960.

Isso continua hoje na forma de ataques diretos pela esquerda *woke*, incluindo os professores de direito defendendo estruturas legais que desmantelam a família tradicional por considerarem-na uma instituição opressiva. De forma mais ameaçadora, o ataque vem de políticas, leis e decisões dos tribunais que diminuem ou cortam os direitos parentais em casos envolvendo as minorias transgênero.

Porém, isso não vem apenas da esquerda. Com o avanço do consumismo e do individualismo, criamos um ecossistema social no qual a função da família foi reduzida à produção de consumistas autônomos, sem qualquer senso de conexão ou obrigação com qualquer coisa maior do que satisfazer seus próprios desejos. Os pais conservadores costumam identificar rapidamente a ameaça aos valores das suas famílias vinda de ideólogos progressistas, mas aceitam acriticamente a lógica e os valores do livre mercado, para não falar que entregam estupidamente a mente de seus filhos aos smartphones e à internet.

É por isso que o conselho de Vaclav Benda às famílias que vivem sob os ataques do comunismo totalitário permanece contundentemente relevante para as famílias de hoje.

AS FAMÍLIAS SÃO CÉLULAS DE RESISTÊNCIA

A família moderna não subsistirá se o pai e a mãe considerarem o divórcio como uma solução fácil para as dificuldades do casamento. Nem, disse Benda, pode uma família persistir se os filhos tiram sarro da ideia do casamento. Quando os membros de uma família aceitam uma cultura de "extravagância sexual, promiscuidade, relações facilmente iniciadas e encerradas [e] desrespeito pela vida" (isto é, aborto), então, não podem esperar que a família seja o que deve ser e que faça o que deve fazer.

Às vezes, essas coisas aparecem na vida familiar por causa dos fracassos morais individuais e, às vezes, manifestam-se por causa de condições externas, tanto econômicas quanto sociais. Há certas coisas que podemos controlar, afirma ele, e algumas que não. Precisamos manter nossos ideais fundamentados no realismo e uma consciência de nossos limites. As famílias não devem permitir "qualquer tirania patriarcal ou excessos feministas malucos" e também devem rejeitar "a adoração das crianças", cedendo a cada um de seus desejos.

E, embora sendo um líder forte dentro de sua própria família, Benda compreendeu que o pai cristão deve ser, acima de tudo, um servo de Cristo:

> *A família não poderá sobreviver como comunidade se a cabeça e o centro forem um de seus próprios membros. A afirmação cristã é simples: Cristo deve ser o centro real, e, em Seu serviço, cada membro dessa comunidade compartilha o trabalho de sua salvação. Pode-se esperar que a família bem fundamentada exista mesmo sem tal filiação religiosa distintiva; porém, o foco do serviço a algo "além", chamemos isso de amor, de verdade ou de qualquer outro nome, parece essencial.*[5]

Benda disse que a casa familiar deve ser um verdadeiro lar, "ou seja, um lugar no qual se possa viver e que seja separado, abrigado do mundo exterior; um lugar que seja um ponto de partida para aventuras e experiências com a garantia de um retorno seguro" — em outras palavras, um paraíso em um mundo cruel. O lar cristão, amoroso e seguro é um lugar que forma crianças que serão capazes de amar e servir aos outros dentro da família, da igreja, da vizinhança e, certamente, da pátria. A família não existe para si, somente, mas em prol de uma comunidade mais ampla — uma família de famílias.

Quando tal nação e seu povo forem mantidos cativos por uma ordem totalitária, então todos os cristãos e suas famílias devem pressionar o mundo totalitário com todas as suas forças, como ele os pressiona. Tal foi o ensinamento do patriarca Benda, e foi desse modo que ele e sua família viveram.

Benda sobreviveu para ver a queda do comunismo, em 1989, e para ver seu amigo e colaborador próximo, Vaclav Havel, tornar-se o primeiro presidente de uma Tchecoslováquia livre (e presidir a separação pacífica das nações tcheca e eslovaca). Benda continuou ativo na política tcheca até sua morte, em 1999. Sua viúva, Kamila, ainda vive em seu apartamento repleto de livros em Praga, onde, sob o comunismo, ela e seu marido faziam seminários para os dissidentes.

Guia de Benda para a Educação dos Filhos

A primeira vez que visitei Kamila, no apartamento da família, em Praga, foi na primavera de 2018, para prestar minhas homenagens à memória de seu falecido marido. As ideias dele influenciaram meu próprio projeto Opção Beneditina, que tem como objetivo a criação de comunidades cristãs fortes na cultura pós-cristã do Ocidente. Ela convidou alguns de seus filhos adultos e netos para aquela noite. Juntamo-nos na sala de estar de seu apartamento, contendo prateleiras carregadas com milhares de livros indo do chão até o teto, fotos da família espalhadas por todos os lugares e um crucifixo de gesso enorme na parede.

Naquela noite de domingo, descobri que Vaclav e Kamila não apenas criaram filhos que mantiveram a fé cristã sob a perseguição comunista, mas que sua prole permaneceu fiel após o comunismo, muito embora a maioria esmagadora de seus colegas tchecos tenha virado as costas a Deus. E, além disso, todos os netos de Benda também são católicos praticantes.

O apartamento da família Benda fica perto da antiga central da StB (*Statni bezpecnost*), a polícia secreta da era comunista. Sob a ditadura, as pessoas que eram intimadas ao interrogatório às vezes paravam na casa de Benda em busca de conselhos sobre como aguentar o que estava por vir sem serem destroçadas, e também de encorajamento. Aquelas mesmas pessoas paravam no apartamento em busca de consolo após sua provação. O que a família Benda outorgava aos resistentes era mais do que a mera hospitalidade cristã.

Naquela primeira visita, e em dois encontros subsequentes com membros da família Benda, estava ávido para aprender como Vaclav e Kamila conduziram sua família de modo a desenvolver a força interior dos filhos, não apenas como católicos fiéis, mas também como jovens que entendiam o significado da missão de seus pais — e os sacrifícios que necessariamente acarretaria. Aqui estão os conselhos que deram.

MODELANDO A CORAGEM MORAL

"Nossos pais foram nossos heróis", conta Patrik. "Meu pai era como o xerife do filme *Matar ou Morrer*."

Vaclav com frequência ensinava seus filhos a ler o mundo ao redor e a entender as pessoas e os eventos em termos de certo e errado. Ele não lhes permitia se deixar levar pela ignorância ou pela indiferença. A batalha na qual todos eles foram lançados pela história era importante demais.

Por exemplo, Vaclav explicou aos filhos que há algumas coisas mais perigosas do que a perda de liberdades políticas.

"Nosso pai contou-nos que há uma diferença entre uma ditadura e o totalitarismo", recorda Marek. "A ditadura pode dificultar sua vida, mas não quer devorar sua alma. Os regimes totalitários estão em busca de almas. Precisamos saber isso para que possamos proteger o que é mais importante para nós, cristãos."

Observar como seus irmãos se comportavam nos anos de suas adolescências revelou a Patrik quanta autoridade moral seu pai tinha na família. A rebelião contra a autoridade é normal entre as crianças daquela idade, mas os filhos dos dissidentes não tinham tal luxo.

"Todas as discussões familiares tinham de ser postas de lado para que pudéssemos nos colocar contra a ameaça exterior do comunismo", informa Patrik. "Quando meu pai dizia ao meu irmão Martin que ele não podia consumir bebidas alcoólicas em público até que fizesse dezoito, ele explicava que essa regra era uma forma de proteger a família toda contra o regime. Você não pode fazer isso, dizia ele a Martin, porque colocaria todos nós em perigo."

Em vez de considerar isso como um fardo pesado, as crianças Benda viam a situação como uma oportunidade de servir a algo maior que elas mesmas.

"Assistir a *Matar ou Morrer* realmente formou nossa maneira de lutar contra o mal", afirma Marek Benda. "Todo mundo pede ao xerife que vá embora para que a cidade não tenha problema com os vilões. Mas ele volta mesmo assim, porque sua virtude e sua honra não lhe permitem partir. Ele busca ajuda, mas ninguém quer auxiliá-lo. Porém, sua esposa o ajuda no fim. De certa forma, essa era a história de nossa família. É isso que nossos pais faziam."

Você não deveria achar que o pai deles era um herói natural, adverte Martin Benda. Certa noite, quando Kamila voltava tarde para casa, Vaclav fazia uma vigília nervosa ao lado da janela, mirando a rua lá embaixo, receoso de que a esposa tivesse sido presa pela polícia secreta.

"Foi naquele momento que comecei a admirar ainda mais meu pai", informa Martin. "Foi ali que vi que ele era humano. Ele estava com medo, mas não queria que o medo o dominasse."

PREENCHENDO O IMAGINÁRIO MORAL COM O BEM

Passar filmes como *Matar ou Morrer* para seus filhos não era a única forma pela qual Vaclav e Kamila Benda os preparavam para a resistência cristã. Apesar das demandas de seu trabalho como professora universitária, Kamila criava tempo para ler em voz alta para seus filhos durante duas ou três horas diariamente.

"Todo dia?", perguntei, chocado.

"Todos os dias", afirma ela.

Ela lia contos de fadas, mitos e aventuras, e até alguns clássicos de terror. Mais do que qualquer outro romance, no entanto, *O Senhor dos Anéis*, de J.R.R. Tolkien, era um marco do imaginário coletivo de sua família.

"Por que Tolkien?", perguntei.

"Porque sabíamos que Mordor era real. Sentíamos que sua história" — a dos hobbits e outros resistindo ao maléfico Sauron — "era nossa história também. Os dragões de Tolkien são mais reais do que muitas coisas que temos neste mundo".

"A mãe leu *O Senhor dos Anéis* para a gente acho que umas seis vezes", recorda Philip Benda. "Fala do Oriente contra o Ocidente. Os elfos de um lado, os goblins de outro. E, quando você conhece o livro, vê que, em primeiro lugar, precisa lutar contra o império do mal, mas esse não é o fim da guerra. Depois, precisa resolver os problemas em casa, dentro do Condado."

Foi assim que Tolkien preparou as crianças Benda para resistirem ao comunismo, e também para a ideia de que sua queda seria o fim da missão em busca do Bem e da Verdade. Após o colapso do comunismo, eles encontraram maneiras de contribuir para a reconstrução moral de sua nação.

Patrik diz que o segredo é expor as crianças a histórias que as ajudam a saber qual é a diferença entre a verdade e a falsidade, e a ensiná-las como discernir isso na vida real.

"O que a mãe sempre fez foi encorajar e apoiar nossa imaginação, por meio da leitura de livros ou da interpretação de personagens", conta ele. "Ela também nos ensinou que a imaginação era algo completamente nosso, que não poderia ser roubado da gente. Isso também era algo que nos diferenciava dos outros."

NÃO TENHA MEDO DE SER "ESQUISITO" AOS OLHOS DA SOCIEDADE

"Durante nossas aulas na escola, éramos diferentes, por causa de nossa fé, mas também por nossas roupas", conta Patrik. "Tínhamos mais variedade de roupas, porque algumas vinham de nossa tia ou de outra pessoa que doava para nós. Ser diferentes não nos magoava, porque achávamos essa excepcionalidade um valor, e não algo ruim."

Dessa forma, as crianças Benda dizem que seus pais as vacinaram contra a doença da ideologia comunista, que estava disseminada. Eles as criaram de modo que compreendessem que elas, como cristãs, não deveriam aceitar as coisas para se darem bem na sociedade totalitária. Vaclav e Kamila sabiam que, se não partilhassem fortemente esse senso de diferença com os filhos, estariam arriscando perdê-los para a propaganda e para a difundida conformidade ao sistema totalitário.

"Às vezes era muito difícil", reflete Patrik. "A gente era pobre e sentia a diferença. Era totalmente impossível comprar qualquer coisa da moda, ou participar das novidades populares. Os brinquedos colecionáveis que todas as crianças tinham, nós não tínhamos. Às vezes era difícil, mas tornou a gente mais forte."

PREPARANDO-SE PARA FAZER GRANDES SACRIFÍCIOS EM PROL DO BEM MAIOR

Certa vez, Kamila recebeu uma carta de seu marido, à época, preso, na qual ele dizia que o governo estava falando sobre a possibilidade de libertá-lo mais cedo caso concordasse em migrar com sua família para o Ocidente.

"Escrevi de volta para dizer-lhe não, que seria melhor ele continuar preso para lutar por aquilo que acreditamos ser a verdade", revelou ela.

Pense nisto: aquela mulher estava criando seis filhos sozinha, em um Estado totalitário comunista. Mas afirmou, por sua própria disposição ao sacrifício — e ao sacrifício de uma vida materialmente mais confortável e politicamente livre para seus filhos —, sua postura em prol do bem maior.

Se você fracassar nisso, pensando que está facilitando as coisas para seus filhos, o tiro sairá pela culatra de forma muito explosiva.

"A gente sabia quem entregava o jogo em prol de seus filhos", afirma Patrik. "Queriam que seus filhos tivessem uma educação melhor, então, abriam mão de seus valores e entravam no Partido Comunista. Mas, no fim, alienaram-se dos próprios filhos. Vi isso quando estava na faculdade, em 1989, durante a Revolução de Veludo. Alguns alunos realmente odiavam os pais, que haviam feito aquelas concessões por eles."

Hoje, os filhos e os netos do Dr. Benda têm as cartas que ele enviou à sua mãe e à sua avó, respectivamente, da prisão. São um testemunho escrito de como a fé, sólida como uma rocha, do preso político o ajudou a aguentar o cativeiro. Essas cartas são um catecismo para seus descendentes, tornadas vívidas porque vieram não da caneta de um santo de gesso, mas de um herói de carne e osso.

"Em uma de suas cartas, ele nos conta como ser prisioneiro fez com que tivesse novos insights sobre os Evangelhos", diz Patrik. "Ele fala sobre como Jesus disse em sua Paixão: 'Meu Pai, se é possível, passa de mim este cálice; todavia, não seja como eu quero, mas como tu queres.' A carta do meu pai mostra como ele acreditava que estava dando um testemunho por sofrer perseguição. Isso ajudou a todos nós a entendermos o exemplo do Senhor."

"O pai acreditava que, mesmo quando as coisas estavam ruins e quando estava sofrendo, sem ver as consequências positivas de suas ações, que havia um Deus bom, que, no fim, venceria a batalha", acrescenta Marketa, uma das filhas Benda. "Deus vai vencer no final, mesmo que eu talvez não veja isso durante minha vida. Então, meu sofrimento não é insignificante, porque faço parte de uma batalha maior, que será vitoriosa no final. É isso que nosso pai nos mostrou em sua vida."

"Mas o pai acreditava que os comunistas cairiam, e que ele viveria para ver isso acontecer", adianta Patrik.

"É verdade", reconhece Kamila. "Mas ele também tinha a convicção de que destruir o regime comunista era sua missão de vida. Ele sempre estava falando com Deus e perguntando qual era o caminho certo. Ele sempre lutou para ver os valores certos e para viver de acordo com eles."

"Isso é algo muito importante sobre meu pai", conclui Marketa. "Ele acreditava que prestaria contas perante Deus, e não perante as pessoas. Não importava para ele quando os outros não entendiam por que fazia tudo aquilo. Ele agia sob a vista de Deus. E, sabe, a Bíblia lhe dava força, porque está cheia de histórias de profetas e de outras pessoas que vão além do que é compreensível para as pessoas, por causa de sua obediência ao Senhor."

ENSINANDO QUE FAZEM PARTE DE UM MOVIMENTO MAIOR

Os Benda foram os membros fundadores da Carta 77, a principal comunidade dissidente da Tchecoslováquia. A Carta 77 foi um documento de 1977 assinado por mais de duzentos artistas, intelectuais e outras pessoas, exigindo que o regime comunista respeitasse os direitos humanos. Alguns de seus signatários, incluindo o dramaturgo e futuro presidente Vaclav Havel, e Vaclav Benda, acabaram na prisão por seu ativismo.

"Levamos nossos filhos para nossas batalhas", revela Kamila. "Eles tinham o sentimento de que eram todos membros de um grupo, e que tinham um objetivo em comum. Foram criados para saber que estavam lutando por uma boa causa, por justiça."

Não foi apenas uma questão de manter as opiniões corretas e os sentimentos adequados. As crianças Benda assumiram riscos em nome da resistência.

"Às vezes, quando queríamos enviar algo de forma confidencial, mandávamos uma das crianças, porque havia menos chances de serem capturadas", relembra Kamila. "Elas também aprenderam a engolir pequenos pedaços de papel com mensagens escritas, caso houvesse perigo de serem presas."

Ser ativos em um movimento mais amplo pela liberdade, pela democracia e pelos direitos humanos ajudou a moldar as crianças Benda de outras formas. Embora Vaclav e Kamila Benda não tenham aberto mão de manterem suas crenças católicas na família, mostraram aos filhos, pelo exemplo, a importância de trabalhar com pessoas boas e decentes fora da comunidade moral e teológica da Igreja.

Patrik recorda-me de que sua família era o único grupo de cristãos envolvido no movimento em Praga. Todos os outros membros seniores da Carta 77 eram seculares. Embora a maioria fosse fortemente anticomunista de uma forma ou de outra, um deles, Petr Uhl, autodescrevia-se como um "marxista revolucionário", mas que acreditava que não valia a pena lutar por um Estado marxista sem direitos humanos.

"Na Carta 77, havia pessoas com cosmovisões e ideias totalmente diferentes, todas juntas", afirma Patrik. "Havia, por exemplo, socialistas democráticos de um lado e católicos fervorosos do outro. Era totalmente normal para mim que, ainda uma criança pequena, estava sendo criado em uma comunidade de pessoas com opiniões muito diferentes. Assim, aquilo estourou a bolha ao meu redor."

A lição de valorizar a diversidade dentro de uma unidade mais ampla de objetivos compartilhados é algo que os cristãos de hoje precisam abraçar.

"Quando vemos o que está acontecendo no Ocidente hoje, percebemos que estão construindo muros e criando abismos entre as pessoas", afirma ele. "Para nós, estamos sempre dispostos a falar, a conversar com o outro lado para evitarmos esses muros entre as pessoas. Sabe, é muito mais fácil doutrinar alguém que está enclausurado entre os muros."

PRATICANDO A HOSPITALIDADE E SERVINDO AOS OUTROS

Kamila diz que obedecer ao mandamento de Cristo para amarmos ao próximo significa nunca falhar ao defendermos qualquer pessoa perseguida, e não apenas aos que vão à igreja. Ela mencionou as pessoas que apareciam em seu apartamento antes de serem interrogadas. Kamila era a figura de uma mãe coruja que compartilhava com elas as estratégias para aguentar o interrogatório policial, que podia ser muito duro, sem entregar informações.

Chegava a vinte o número de pessoas que apareciam diariamente no apartamento de Benda buscando conselhos, conforto e comunidade. E, após a polícia liberar os suspeitos, eles geralmente voltavam ao lar de Benda. Independentemente de terem ou não cedido, ou de terem dado informações sob coação, Kamila lhes oferecia uma xícara de chá e uma taça de vinho, além de encorajamento.

"A mãe dizia para eles: 'Tudo bem, da próxima vez você vai se sair melhor'", conta Patrik. O círculo dissidente era pequeno e frágil demais para que se voltassem uns contra os outros, apesar de seus fracassos, frustrações e decepções.

Kamila e eu conversamos novamente sobre os seminários que eram lecionados na era comunista pelos Benda em seu apartamento. É uma prática que seus filhos, já adultos, continuaram. Hoje em dia, Marketa faz encontros parecidos no apartamento da família.

"Ela chama sua sala de estar de 'Noites com Queijo'", explica a sobrinha de Marketa, Klara, "por causa de seu apelido. Chamam ela de 'Ratinha'. Ela convida as pessoas que conhece da universidade, ou do trabalho, e todos conversam sobre o que estão fazendo".

Patrik, que também é anfitrião, diz que passam um filme uma vez por mês, e convidam grupos de pessoas para irem assistir e conversar sobre o tema. É claro, diz ele, dá para assistir a qualquer coisa de que goste em sua própria casa, mas há algo singular no compartilhamento da experiência com os outros, e também, em conversar sobre isso.

"Acho que uma das coisas importantes disso é que as pessoas realmente gostam de se reunir, e querem isso, mas quando não têm um tema para formar a reunião em torno dele, geralmente é tempo perdido", conta Klara, a filha adolescente de Patrik. "Quando temos um filme, então dá para começar a partir dele. Acabamos conversando sobre as provas do colégio, e como as odiamos. É legal, mas a questão é: precisamos começar a partir de algo real."

Mencionei a ideia muito conhecida de Vaclav Benda de que, em uma sociedade de pessoas atomizadas, como era na Tchecoslováquia comunista, era importante que pessoas comuns se juntassem e que fossem relembradas da existência umas das outras. Em uma época em que as pessoas se esqueceram de como ser vizinhas, apenas compartilhar uma refeição ou um filme juntas é um ato político. Isso, na minha opinião, é uma forma de lutar contra a solidão e contra o isolamento que permite ao totalitarismo dominar.

É verdade, diz Patrik, mas também o fato de que conversar sobre filmes é uma forma de os membros mais velhos da comunidade contribuírem com a disseminação da memória cultural para os mais jovens.

"Tive a experiência com algumas pessoas que têm vinte anos a menos que eu de elas acharem um filme ótimo e interessante, mas não saberem que é um remake de outro mais antigo", confessa ele. "Outra coisa, não apenas passamos os filmes novos, mas também os mais antigos. Ficar passando por diferentes épocas ajuda os jovens a entenderem o contexto cultural no qual os filmes são feitos. O fato de que os mais jovens podem aprender com o conhecimento e com a experiência dos mais velhos é realmente significativo."

Para a família Benda, de Praga, seu propósito é primeiramente servir a Deus, e, então, aos outros. Fizeram isso sob o comunismo e continuam agora no liberalismo pós-cristão. É uma tradição familiar.

A Importância Social da Família

A família Benda não foi a única que resistiu ao comunismo. Durante muitas conversas ao longo do antigo bloco soviético, ouvi histórias de como a família cristã foi a base natural da formação da resistência fiel contra o comunismo.

Na Rússia, espera-se encontrar cristãos ortodoxos, mas é muito mais raro encontrar batistas. Eram desconhecidos naquele país até a segunda metade do século XIX e, até hoje, compõem cerca de 76 mil pessoas em uma vasta nação de 145 milhões de habitantes. Um amável pastor de cabelos brancos chamado Yuri Sipko foi outrora o líder dos batistas em seu país.

Era um trabalho difícil, mesmo após o colapso do poder soviético. Os batistas foram marginalizados e às vezes perseguidos na Rússia, até mesmo por outros fiéis. Sob o comunismo, no entanto, não apenas tiveram que enfrentar o ostracismo de outros cristãos, mas, como todos os fiéis de outras religiões, também foram severamente atacados pelo Estado soviético. A propaganda comunista retratava os batistas como membros de um culto perigoso e primitivo. Sipko, nascido em 1952 em uma família com doze filhos, diz que seus pais plantaram as sementes da coragem em seu coração.

"Meu pai era o pastor da nossa congregação. Ele recebia todos os tipos de pressão", recorda. "Quando eu era criança, tudo que sabia era que queria ser como meu pai. Via que ele conseguia enfrentar sozinho todos os seus inimigos com dignidade e coragem."

Quando Yuri ainda era pequeno, os soviéticos mandaram seu pai para a prisão durante cinco anos, por pregar. Sua mãe, como diversas outras mulheres da congregação, foi deixada sozinha para criar os filhos. Aquelas mães liam a Bíblia para as crianças, oravam e choravam com elas, e ensinavam os pequenos ao que valia a pena dedicarem suas vidas.

Certo dia, a professora de Yuri chamou a mãe dele para uma reunião na escola. A professora estava brava porque a criança se recusava a aceitar as lições obrigatórias do Estado sobre ateísmo e materialismo. Ela demandava saber a que tipo de culto a Sra. Sipko pertencia e por que ensinava tamanha besteira a seus filhos. O garoto observava a mãe, cujo marido estava na prisão por causa de sua fé, para ver como reagiria à tal bronca vinda de uma figura de autoridade.

"Ela abriu sua Bíblia e começou a ler", lembra ele, sorrindo. "Fico muito feliz ao pensar nisso. A professora me chamou para seu lado e disse: 'Esse é o *nosso* garoto. Está aprendendo as *nossas* lições.' Mas, sob a proteção de minha mãe, juntei coragem para dizer: 'Não, acredito em Deus.' Foi um fiasco para a professora."

Com consequências altamente mais devastadoras, as autoridades polonesas mergulharam de cabeça em um fiasco parecido quando aniquilaram o padre Jerzy Popieluzko, que era chapelão do sindicato Solidariedade. Apesar de inúmeras ameaças à sua vida, o pároco de Varsóvia condenou o regime criminoso. Em 1984, a polícia secreta o assassinou e jogou seu corpo em um rio.

AS FAMÍLIAS SÃO CÉLULAS DE RESISTÊNCIA

O padre Jerzy era um aluno mediano no seminário e um pároco sem distinções — até que o surgimento do Solidariedade em oposição à brutalidade comunista o chamou a seu destino.

Pawel Keska, diretor do museu Popieluzko, de Varsóvia, na paróquia do padre assassinado, contou-me uma história sobre as quase 1 milhão de pessoas que foram lamentar a morte do padre Jerzy em seu funeral. E, então, ele contou uma história sobre a infância modesta daquele padre que viria a ser um herói nacional, e que estava a caminho de se tornar santo na Igreja Católica.

Keska mencionou que a empobrecida vila rural na qual o padre Jerzy nasceu não tem nada de especial. Keska retornara recentemente de uma peregrinação lá com um grupo de alunos.

"A vila é bem comum — não tem nada de espiritual", relatou Keska. "Na casa na qual o padre Jerzy morou há um quarto, que foi transformado em um tipo de museu, mas todas as coisas lá estão sob uma camada grossa de pó. Junto à parede, há uma mesinha, coberta com um tipo de folha plástica. Sobre ela, repousa um pedacinho de papel com uma mensagem manuscrita pelo irmão do padre Jerzy, dizendo: 'Todos os dias rezávamos com nossa mãe perto da mesa.' Tem uma foto da mãe, uma senhora cansada. Na parte de trás do papel há um relicário com as relíquias do padre Jerzy."

O padre Jerzy encerrou sua vida como um herói nacional da resistência cristã contra o comunismo, amado por milhões por sua fidelidade a Deus e por sua disposição em arriscar a própria vida para condenar a injustiça praticada contra os outros. Porém, tudo começou em uma casinha localizada em um vilarejo pobre, sem graça, no meio do nada, no seio de uma família que rezava unida.

"E aí está a resposta", concluiu Keska. "Toda a força daquele homem, e é disso que precisamos hoje para nossa identidade."

"Não é acidente que todas as ditaduras sempre tentam acabar com a família, porque é ali que obtemos a força para conseguirmos lutar", afirma Maria Komaromi, a professora católica de Budapeste. "Sentimos como se a família estivesse nos protegendo, então, podemos sair ao mundo e enfrentar qualquer coisa. Isso é tão verdade hoje como o era sob o comunismo."

Vez após vez durante minhas viagens pelo Oriente, os sobreviventes do comunismo enfatizaram o quanto é mais difícil identificar as ameaças contra a fé e a família hoje em dia do que sob o comunismo. Mas continua sendo muito necessário fazê-lo — e com disciplina, não dependendo apenas do sentimentalismo, mas com uma caridade forte, o único tipo que perdura.

Tertuliano, um dos primeiros pais da Igreja, que escreveu sob a perseguição romana, é famoso por ter dito que a disposição dos mártires a sofrer — mesmo até a morte — é o que planta o amor de Deus nos corações das pessoas. Talvez seja verdade, mas, como mostram as histórias das famílias Benda, Sipko, Popieluszko e de tantas outras que conquistaram o comunismo, o amor das mães e dos pais é a semente da igreja.

Veja, Julgue, Aja

Na vinda do totalitarismo brando, os cristãos terão que considerar a família de forma muito mais focada e séria. A família cristã tradicional não é apenas uma boa ideia — é também uma estratégia de sobrevivência da fé em tempos de perseguição. Os cristãos devem parar de achar que a família é algo garantido, pelo contrário, devem considerá-la de forma mais reflexiva e disciplinada. Não tem como apenas vivermos tão bem quanto as outras famílias, com a exceção de que vamos à igreja aos domingos. Ter as crenças teológicas corretas e as intenções certas não será o suficiente. Os pais cristãos devem ir intencionalmente contra a cultura em sua abordagem à dinâmica familiar. Os dias de viver como todos os demais e esperar que nossos filhos tenham o melhor futuro possível já se foram.

O modelo da família Benda exige que os pais exercitem o discernimento. Por exemplo, eles não escolheram virar as costas à cultura popular, mas escolheram de forma inteligente as partes dela que queriam que seus filhos absorvessem. Visitar a casa da família Benda não é o mesmo que entrar em um barracão espartano, mas em um local repleto de livros, de arte e de vida. Eles julgavam que podiam estar abertos às boas coisas do mundo ao seu redor por causa da vida disciplinada e moral, intelectual e espiritualmente, que viviam dentro da família.

E agiam com abertura ao mundo. Vaclav Benda ensinou que a família não existe para si só, mas para o serviço de algo que a transcende. Se visitar Kamila, sentará em sofás e cadeiras conhecidas há anos por receber convidados para que compartilhassem a alegria de suas vidas no grupo cristão. Verdade, tinham que julgar cuidadosamente quem deixavam entrar em seu lar, e o que dizer ao seu redor, mas não havia dúvidas nas mentes de Vaclav e de Kamila Benda de que seu papel como cristãos não era fechar as cortinas e se esconder, como o fizeram muitos cristãos tchecos, mas oferecer um serviço ativo à igreja e ao mundo. Os que ainda vivem após Vaclav — Kamila, seus filhos e netos — encontram um esquema que funciona dessa forma.

Como veremos em um capítulo posterior, a comunhão nos pequenos grupos foi crucial para a criação de uma resistência cristã efetiva contra o totalitarismo. Uma das verdades que a família Benda — e outras que formaram as consciências de outros dissidentes anticomunistas — testificou é a seguinte: se quiser amar e servir à Igreja, à comunidade e à nação, é necessário primeiramente aprender a amar e a servir à sua família.

CAPÍTULO OITO

Religião, a Base da Resistência

Nem todos os dissidentes anticomunistas eram cristãos, e nem todos os cristãos que viviam sob o totalitarismo comunista resistiram. Mas há algo interessante: cada um dos cristãos que entrevistei para este livro, em cada um dos países ex-comunistas, transmitiu uma impressão de profunda paz interior — que creditava à sua fé, que lhe dava um chão sobre o qual pisar firme.

Tinham todo o direito de estar permanentemente bravos com o que fizeram a eles, a suas famílias, a suas igrejas e a seus países. Mas, se realmente estavam bravos, não aparentavam. Um ex-prisioneiro de consciência na Rússia disse-me que os cristãos precisam ter "um sonho de ouro — algo pelo qual viver, um conceito de esperança. Não dá apenas para ser contra tudo o que é mal. É necessário defender algo bom. De outro modo, você fica muito sombrio e louco".

Essa é a essência trazida pela religião à resistência antitotalitária: um motivo pelo qual morrer — que é o mesmo que dizer "um motivo pelo qual viver", enfrentando quaisquer sofrimentos que o regime nos lançar, e não apenas viver, mas prosperar.

Isso não significa que o *único* valor do cristianismo reside em sua utilidade aos anticomunistas. Qualquer crença contrária tida com a interioridade apaixonada da fé religiosa pode servir a tal propósito. Para dar os créditos devidos ao diabo, os jovens bolcheviques da era czarista aguentaram seu miserável exílio na Sibéria como campeões porque tinham princípios com uma fé religiosa. A importante lição a ser extraída é que o credo que alguém sustenta não como seus sentimentos subjetivos, mas como uma descrição da realidade objetiva, é uma posse inestimável. Ele lhe mostra como discernir a verdade entre as mentiras. E, para aqueles cujo credo é o cristianismo, perante o ódio e a crueldade disseminados, a fé é a evidência de que a verdadeira Verdade, a real Realidade, é o eterno amor de Deus.

Os Exercícios Espirituais do Prisioneiro Krcmery

Na Tchecoslováquia totalitária, o seguidor de Kolakovic, Silvester Krcmery (pronuncia-se "kirtch-mérri"), surgiu como um dos discípulos e organizadores mais importantes do padre. Anos de estudo bíblico, devoção e prática pessoal de espiritualidade, sob as orientações do padre Kolakovic, prepararam o jovem médico para um longo período na prisão, que começou com sua captura, em 1951.

A base de sua resistência era a firme convicção "de que não poderia haver nada mais lindo do que entregar minha vida a Deus". Quando tal pensamento veio a Krcmery no carro da polícia, minutos após sua captura, ele começou a gargalhar. Seus captores não se impressionaram. Mas recusar a autopiedade e ensinar a si mesmo a receber tudo o que os interrogadores faziam a ele como uma ajuda à sua própria salvação salvou sua vida.

RELIGIÃO, A BASE DA RESISTÊNCIA

Atrás das grades, e sujeito a todos os tipos de tortura e de humilhação, Krcmery manteve-se são e esperançoso por meio do cultivo e da prática de sua fé de maneira disciplinada, além da evangelização aos outros.

Em sua autobiografia, *This Saved Us* ["Foi Isso o que Nos Salvou", em tradução livre], se recorda de, após apanhar repetidamente, depois de torturas e interrogatórios, perceber que o único modo de sobreviver ao suplício por vir era depender totalmente da fé, e não da razão. Ele diz que decidiu ser "como Pedro, fechar meus olhos e lançar-me ao mar".

> *No meu caso, era realmente saltar rumo à incerteza física e espiritual, em um abismo, no qual apenas a fé em Deus poderia garantir a segurança. Coisas materiais consideradas pela humanidade como certezas eram passageiras e ilusórias, enquanto a fé, considerada pelo mundo como efêmera, era o fundamento mais confiável e poderoso de todos.*
> *Quanto mais dependia da fé, mais forte me tornava.*[1]

Sua rotina pessoal incluía a memorização de passagens de um Novo Testamento contrabandeado para dentro da cadeia por um novo prisioneiro. As Escrituras que Krcmery aprendera antes da perseguição acabaram sendo uma ajuda poderosa atrás das grades.

"Memorizar textos do Novo Testamento mostrou-se uma excelente preparação para tempos difíceis e para a prisão", escreve ele. "Os textos mais lindos e importantes que a humanidade tem de Deus contêm um tesouro inestimável que 'a traça e a ferrugem não destroem, e onde os ladrões não arrombam nem furtam' (Mateus 6:20)."

Cometer as Escrituras à memória formou uma base sólida para a vida na prisão, foi o que o médico descobriu.

"Certamente, à medida que a vida espiritual se intensifica, as coisas passam a ficar mais claras, e a essência de Deus fica mais facilmente compreensível", escreve ele. "Às vezes uma palavra, ou apenas uma frase da Bíblia, é suficiente para preencher a pessoa com uma luz especial. Um insight ou um novo significado é revelado e penetra o ser interior, permanecendo lá por semanas ou meses."²

Krcmery estruturou seus dias e semanas de modo que rezasse a missa católica e, às vezes, a Divina Liturgia ortodoxa. Ele intercedia por pessoas e grupos de pessoas específicos, incluindo seus captores. Era uma forma de organizar a opressiva expansão do tempo, especialmente durante os períodos de confinamento solitário. Krcmery e seus colegas prisioneiros ficavam repetidamente surpresos que as surras e os interrogatórios fossem mais fáceis de aguentar do que os períodos aparentemente intermináveis de espera.

O prisioneiro tinha momentos de meditação profunda e sustentada, nos quais refletia profundamente sobre sua própria vida, seus próprios pecados e acolhia um espírito de arrependimento. A certa altura, Krcmery chegou a imaginar que estava desperdiçando seu tempo e aumentando seu fardo emocional e psicológico ao manter aqueles exercícios espirituais ao longo do dia inteiro.

"Tentei viver alguns dias inteiros sem um programa, mas não deu certo", recorda ele. "Quando achei que apenas vegetaria durante o dia todo, e apenas descansaria, foi quando tive mais crises."

Com outros prisioneiros, Krcmery cantava hinos e rezava pelas necessidades diárias, inclusive para ter um espírito de humildade e disposição para aguentar tudo aquilo em nome de Cristo. Tal irmandade era uma parte integral da espiritualidade da resistência cristã. O padre Kolakovic ensinara a Família sobre a virtude de transcender os limites da igreja de modo a estabelecer uma irmandade com outros cristãos. O cativeiro e a tortura transformaram isso em uma realidade prática.

"Na prisão, ninguém reconhecia quaisquer diferenças confessionais", escreve Krcmery.

Esse mesmo princípio ecoa no testemunho do pastor luterano Richard Wurmbrand e de outros ex-cativos dos comunistas. Isso não é um ecumenismo falso que alega que todas as religiões são basicamente a mesma coisa. É, pelo contrário, um reconhecimento mútuo que — dentro do contexto da perseguição, adotando a "solidariedade dos quebrantados", de Jan Patocka — torna-se vital para a sobrevivência espiritual.

Silvester Krcmery saiu da prisão em 1964. Passou os 25 anos seguintes dando continuidade a seu trabalho em prol da resistência anticomunista. Com outros veteranos da igreja da resistência, foi um dos principais organizadores da Manifestação das Velas, em 1988, na Bratislava, capital da Eslováquia. Foi o primeiro protesto em massa na Tchecoslováquia em quase duas décadas, e serviu como catalisador para a Revolução de Veludo, em 1989, que restaurou a liberdade e a democracia.

O Poder da Impotente Igreja

Patrick Parkinson é cristão evangélico e reitor de uma das principais faculdades de direito da Austrália. Ele viveu na Bratislava quando era aluno, no início da década de 1980, e testemunhou em primeira mão o poder espiritual da igreja da resistência. Em um mundo de desespero, eles ofereciam algo raro e precioso: esperança real, que colocava em risco a vida e a liberdade de quem a vivia.

"A Igreja, naquela época, oferecia às pessoas uma cosmovisão alternativa", conta-me o professor Parkinson. "Meus jovens amigos católicos na universidade, em especial, demonstraram grande coragem e fé. Sua instrução central era ler a Bíblia todos os dias e rezar diariamente às 21h pela Igreja em sofrimento. Eles arriscavam-se muito ao reunirem-se em pequenos grupos de estudo bíblico e oração, e a segurança era muito intensa, mas Deus os protegia de maneiras maravilhosas."

Cerca de quatro décadas depois, Parkinson se espelha nos jovens cristãos eslovacos de sua juventude em busca de esperança para nossos próprios dias sombrios e difíceis. "Havia uma sede de Deus quando estava lá, que eu atribuía em grande parte à enorme desilusão com o comunismo", afirma ele. "A desilusão com o materialismo pode tomar conta de mais duas gerações."

Quando isso ocorrer, os cristãos que proclamaram com suas palavras e atos uma alternativa real ao materialismo hedonista serão faróis, guiando os perdidos e acossados pelas tempestades.

O padre Dmitry Dudko, falecido em 2004, foi um padre ortodoxo russo que, com uma coragem surpreendente, enfrentou as autoridades soviéticas em nome do Evangelho. No início da década de 1970, tornou-se um dos dissidentes cristãos mais conhecidos na URSS. Antes da ordenação, passou oito anos no gulag por ter escrito um poema com críticas a Stalin; um colega seminarista o entregou. Posteriormente, foi ordenado, mas permaneceu sob vigilância constante da KGB.

Dominado pela tristeza por causa da desolação espiritual e do alcoolismo resultante, que devastaram a União Soviética, o padre Dmitry ficou cada vez mais ousado em seu evangelismo. Começou a dar sermões audazes na paróquia de Moscou, homilias que levavam os ensinamentos cristãos para perto dos problemas da vida real. A notícia de que havia um padre destemido falando sobre o real sofrimento das pessoas se espalhou. Multidões começaram a ir ouvir o clérigo profeta. Quando a igreja institucionalizada, que estava sob o controle da KGB, mandou o padre Dmitry parar de usar as homilias para despertar as multidões, ele continuou suas falas em casa.

Em seu livro de 2014 sobre o padre Dmitry, *The Last Man In Russia* ["O Último Homem da Rússia", em tradução livre], o jornalista Oliver Bullough cita um ateu que disse que, após ouvir o sermão do padre, "a imoralidade da sociedade soviética, sua inumanidade e corrupção, sua falta de um código moral ou de ideais críveis, significava que o ensinamento de Cristo transparecia naqueles por ele alcançado um contraste gritante. Ele destaca o valor do indivíduo, da natureza humana, do perdão, da gentileza e do amor".[3]

Outra testemunha diz que "quando o padre Dmitry respondia a nossas perguntas publicamente, era como água no deserto". O padre destacava ao seu público que eles precisavam cultivar a esperança de que o amanhã pode ser melhor e de que devem abraçar o sofrimento e curá-lo por meio do amor. Bullough diz que, em 1973, quando as falas do padre Dmitry ficaram conhecidas em toda a cidade de Moscou, ele passou a atrair ateus, intelectuais, cristãos de todas as denominações e até judeus e marxistas.

Por que eles vieram? Porque viviam em um sistema totalitário que insistia em ter todas as respostas às perguntas da vida. Mas o povo estava completamente miserável, perdido na dor. Sabiam que aquilo era tudo mentira, porque estavam vivendo dentro da mentira sombria. Foram atraídos às pessoas que pareciam estar vivendo sob a luz da verdade.

Alexander Ogorodnikov foi um celebrado jovem líder soviético que, ao ficar desiludido com o comunismo, devotou sua paixão a servir à Igreja, criando grupos independentes de discussão. Em nosso encontro realizado em Moscou, disse-me que, em um de seus seminários, apareceu um escritor idoso, que ficou ouvindo os jovens cristãos — cada um deles tinha sido ateu, vindo de boas famílias soviéticas — falarem sobre a fé. O visitante não disse uma palavra.

"Por fim, levantou-se e informou que era filho de um alto oficial do czar. Disse: 'Irmãos, vocês não fazem ideia do que estão fazendo. Se apenas dez de vocês estivessem em São Petersburgo em 1917, a Revolução não teria acontecido'", recorda Ogorodnikov.

"Aquele homem passara pelo gulag", continua ele. "Sentiu-se bem-vindo entre nós. Tínhamos uma atmosfera realmente de irmandade nos seminários. Eram como uma fogueira na qual as pessoas podiam vir e aquecer seus congelados corações ortodoxos. Esse era o sangue que corria em nossas veias. Era nossa profissão de fé."

Viktor Popkov foi um dos desiludidos jovens soviéticos que se encontravam na vida naquele minúsculo movimento cristão de sua época. Sentei-me com Popkov, cristão ortodoxo, em um restaurante no centro de Moscou. No início da década de 1970, ele não estava interessado na fé. "Estava apenas vivendo em um pântano, tentando encontrar um pedacinho de terra seca na qual me erguer", relata ele.

Nada era real na vida sob o comunismo. O controle do Estado era total. O que levou Popkov a buscar a fraternidade com os cristãos foi a leitura de *O Estrangeiro*, famoso romance de 1942 escrito por Albert Camus, o existencialista francês. Embora Camus fosse ateu, o romance motivou o jovem russo, vivendo em um Estado ateu, a buscar Cristo.

"A pergunta pairava à minha frente: qual é o sentido da vida?", confessa ele. "Se Cristo é real, o que isso deve significar para mim? Esse foi meu ponto de partida da vida soviética — e conheço muitas pessoas que tiveram pontos de partida semelhantes."

Lentamente, Popkov sentiu-se atraído pela Igreja. O padre ortodoxo local não queria falar com ele. Caso o governo descobrisse que tinha falado com um potencial converso, poderia ser demitido. Popkov ouviu rumores sobre grupos de pessoas que se juntavam para falar sobre o cristianismo. Infelizmente, se ele tinha ficado sabendo disso, a KGB, sem dúvida, também.

Se mesmo assim fosse aos encontros, a KGB provavelmente pressionaria seus pais e professores a dissuadirem-no da fé, lembra Popkov. Era difícil lidar com aquilo, "mas, ao mesmo tempo, ganhávamos experiência de uma vida diferente. Em tal experiência de fé e nesse encontro com Cristo, recebíamos um novo sentimento, e sabíamos que não voltaríamos a ser quem costumávamos, de jeito nenhum. Ficamos dispostos a enfrentar qualquer coisa que lançassem contra nós".

"Realmente não dá para se preparar para isso", continuou ele. "Ter uma conexão viva com Cristo é como se apaixonar. De repente, você sente algo que nunca tinha sentido antes e está pronto para fazer coisas que nunca fez."

Para Viktor Popkov, isso significava aguentar anos de assédio da polícia secreta, culminando com uma sentença de prisão em 1980.

"Talvez vai parecer errado", adverte ele, "mas precisamos estar prontos para morrer pelos princípios e pelas coisas que professamos — e apenas então teremos a força para resistir. Não vejo nenhum outro caminho".

Esta foi a verdade que o padre ortodoxo romeno George Calciu proclamou à juventude de Bucareste em uma de suas homilias de 1978 — uma série de sermões que lhe angariaram uma segunda temporada na cadeia:

> *Vão, jovens, e espalhem essas novas a todos. Deixem que a luz de vossos rostos angelicais brilhe refletindo a luz da Ressurreição — pois hoje, o anjo em vocês... derrotou o mundo em vocês. Digam àqueles que até agora oprimiram vossa alma divina: "Acredito na Ressurreição", e verão eles recuarem medrosos, pois vossa fé os derrotou. Temerão e lhes gritarão em desespero: "Esta terra é vosso paraíso, e vossos instintos são vosso céu."*
>
> *Não parem pelo caminho, mas prossigam, brilhantes e puros, outorgando a luz daquela Ressurreição ocorrida no Dia Sagrado para todos. Vós, meus amigos, sois os únicos portadores de vossa deificação em Jesus Cristo, e, convosco, erguerão todo o povo romeno à altura de sua própria ressurreição. Da morte à vida, e da terra ao céu!*[4]

Logo após dar esse sermão, a ditadura romena atingiu o padre George, dando-lhe uma sentença de dez anos na prisão. Ele cumpriu cinco, recebeu soltura antecipada e foi então expulso para os Estados Unidos pelo regime.

O Milagre dos Cigarros

Se você acredita na existência de Deus, então também deve acreditar que os milagres são possíveis. Os cristãos vivem pela fé, mas, às vezes, Deus envia uma mensagem para lembrar-nos de que Ele existe e que não nos abandonou. Tomando um chá no lobby de um hotel em Moscou, Alexander Ogorodnikov conta uma história sobre algo extremamente improvável que aconteceu com ele ao entrar na prisão soviética — algo sinalizando a ele que Deus o guiava ao fosso da miséria humana por um propósito maior.

"Quando me colocaram na cela com os outros presos, disse: 'A paz esteja convosco!'", recorda Ogorodnikov. "Um deles me perguntou se eu era cristão. Disse que sim. Ele me pediu para provar. Outro detento disse:

'Somos a escória da terra. Não temos nem cigarros. Caso Deus nos dê cigarros, todos aqui passaremos a acreditar n'Ele.'"

Ogorodnikov disse a seus colegas detentos que o corpo é o templo do Espírito Santo, e que fumar o suja. Mas, continuou, Deus ama tanto vocês que acredito que até lhes daria cigarros como um sinal de misericórdia. Ogorodnikov pediu-lhes que se levantassem e orassem juntos. Todos riram, mas levantaram-se respeitosamente, conforme ele os guiava na reza.

"Aquela cela estava superpopulosa, mas ficou muito silenciosa", relembra ele. "Oramos por quinze minutos, então disse-lhes que a oração tinha se encerrado e que poderiam se sentar. Bem naquele momento, os guardas abriram a porta da cela e lançaram um pacote de cigarros."

"Isso realmente aconteceu?!", perguntei, chocado.

"Realmente aconteceu", confirmou ele. "Foi incrível. Ali estava o sinal pelo qual orara. Os prisioneiros gritaram: 'Deus existe! Ele existe!' E foi então que soube que Deus estava falando comigo também. Estava dizendo-me que tinha uma missão para mim."

Assim, Alexander Ogorodnikov começou sua vida escondido atrás dos muros do sistema carcerário soviético. Mas não estava escondido de Deus. E, por causa disso, como o cristão dissidente aprenderia, Deus manifestou-se por meio de sua fidelidade àqueles condenados a morrer perante um esquadrão de tiros, e que estavam desesperados por um sinal de esperança. A conexão de Ogorodnikov com Deus seria, àqueles infelizes, sua única salvaguarda.

Veja, Julgue, Aja

Um período de provas dolorosas, até de perseguições, está chegando. Cristãos mornos ou vazios não sairão com suas fés intactas. Os cristãos de hoje devem se aprofundar muito na Bíblia e na tradição da Igreja, e ensinar a si mesmos como e por que o mundo atual do pós-cristianismo, com seu autocentrismo, sua busca pela felicidade e sua rejeição à ordem sagrada e aos valores transcendentais, é uma religião rival ao cristianismo autêntico. Também deveríamos ver como muitos dos valores mundanos foram absorvidos na vida e na prática cristãs.

Depois, devemos julgar como os caminhos do mundo e suas demandas entram em conflito com o que Cristo pede de Seus discípulos. Somos admiradores ou seguidores? Como saberemos?

Saberemos ao agirmos — ou fracassarmos em agir — como cristãos quando o fato de sermos fiéis nos custará algo. Talvez seja algo pequeno no início — uma vaga no time de esportes porque não jogamos aos domingos de manhã, ou o respeito de nossos colegas quando não participarmos de uma manifestação por uma causa política. Mas as demandas se tornarão cada vez maiores, e as consequências por não nos submetermos à vontade do mundo serão mais severas. O padre Kolakovic disse isso à sua Família — e, de certa maneira, está nos dizendo o mesmo hoje.

Servimos a um Deus que criou todas as coisas com um propósito. Ele nos mostrou, na Bíblia, especialmente nos Evangelhos, quem somos, e como devemos viver para estarmos em harmonia com a ordem sagrada por Ele criada. Ele não quer admiradores; quer seguidores. Como Jesus Cristo, a segunda pessoa da Santíssima Trindade, Deus sofria com a humanidade para redimi-la. Ele nos chama para compartilharmos Sua paixão, por nossa causa e pelo mundo. Ele não nos promete nada além da cruz. Nada de felicidade, mas a alegria da bem-aventurança. Nada de riquezas materiais, mas a riqueza do espírito. Nada de liberdade sexual como uma despreocupação erótica, mas a liberdade sexual dentro de um compromisso de amor, em um sacrifício mútuo. Nada de poder, mas amor; nada de autossoberania, mas obediência.

Essa é a religião rival intransigente que o mundo pós-cristão não tolerará mais. Se você não está solidamente comprometido com o cristianismo tradicional, então o mundo o derrotará. Mas, se está, então essa é a sólida rocha sobre a qual o mundo será vencido. E, se essas rochas sólidas forem reunidas, formarão um muro de solidariedade muito difícil de ser penetrado pelo inimigo.

CAPÍTULO NOVE

Representando a Solidariedade

*"Pela primeira vez você não vai encontrar
inimigos. Pela primeira vez vai ver seres vivos, que
seguem um caminho igual ao seu e aos quais você
pode se unir pela radiosa palavra 'nós'."*

**ALEXANDER SOLJENÍTSIN, quando a pessoa chega à sua primeira
cela carcerária, em** *O ARQUIPÉLAGO GULAG*[1]

A casa é como todas as outras nessa rua comum na Bratislava suburbana. Caminhamos pelo jardim na parte de trás, passando pelos móveis externos e pelos brinquedos das crianças. Jan Simulcik, historiador eslovaco da igreja da resistência, bate na porta. Ele combinara com a mãe, que vive aqui com o marido e os filhos, para mostrar ao seu visitante norte-americano o que torna esta casa diferente de todas as outras na vizinhança.

Na década de 1980, essa casa era a central de impressões e de distribuição da *samizdat* cristã — a literatura da resistência proibida pelo regime comunista. Simulcik, agora na casa dos cinquenta, fez parte do movimento quando era universitário. Um padre católico secretamente vivia na casa naquela época, disfarçado de funcionário. Simulcik e mais alguns estudantes católicos costumavam ir àquela casa em intervalos planejados, de modo a separar e a empacotar os documentos da *samizdat* para distribuição.

Ele me guia, descendo uma escada deteriorada de cimento, até chegarmos ao porão. É simples, úmido e um pouco frio, como todos os outros porões do mundo. *Pra que isso?*, imaginei.

Então, o acadêmico remove um painel do chão, que eu deixara passar totalmente despercebido. Simulcik vira-se de costas e desce no buraco, sinalizando para que o seguisse.

Lá embaixo há um túnel curto. Agachando-me para conseguir me mover naquele espaço apertado, sigo Simulcik pelos degraus de ferro na saída do túnel. Chegamos a um quarto minúsculo, que não chega a ser maior que um closet. Há uma mesa junto à parede na qual repousa sua impressora offset vintage dos anos 1980.

Naquele quarto secreto, sob a casa e atrás de uma parede secreta no porão, acessível apenas pelo túnel escondido, os cristãos dissidentes imprimiam os Evangelhos, os livros de oração e as lições de catecismo para a distribuição clandestina em toda a Eslováquia comunista. A impressora foi um presente para os católicos dos cristãos evangélicos da Holanda, que contrabandearam suas partes para dentro do país e enviaram uma segunda equipe para montá-la no quarto clandestino.

Após a queda do comunismo, em 1989, a operação foi encerrada, e o padre escondido saiu da casa. Porém, os donos subsequentes mantiveram o quarto secreto, como uma lembrança do que foi necessário para salvar a fé sob o fardo totalitário.

"Havia um homem em minha universidade que trabalhava na manutenção de elevadores", conta-me Simulcik enquanto estamos em pé no quarto, nossas cabeças quase encostando no teto. "Suas mãos geralmente estavam sujas. Achava que era da graxa e da sujeira pelo reparo dos elevadores, mas, na verdade, era da tinta que usava para imprimir a *samizdat*. Seu trabalho lhe dava uma cobertura perfeita."

Quando aluno, Simulcik sabia que aquele homem da manutenção tinha algo a ver com a resistência cristã, mas não sabia como exatamente. Isso era planejado. A resistência apenas compartilhava informações como aquela havendo muita necessidade, de modo que os que eram presos pela polícia secreta não tivessem como comprometer as operações caso abrissem a boca nos interrogatórios. O que Simulcik não sabia até a queda do comunismo era que, durante todos aqueles anos que estava no piso de cima daquela casa compilando a *samizdat*, aquele reparador de elevadores estava lá embaixo, passando horas do quarto que parecia um túmulo, imprimindo as palavras de vida arriscando muito sua própria liberdade.

Na verdade, todos os envolvidos com o projeto cristão de *samizdat* teriam sido mandados à prisão caso a polícia secreta tivesse descoberto a rede. Conforme Simulcik me explica cada uma das partes da complexa operação, e enfatiza os riscos extraordinários que os cristãos resistentes assumiram em prol da publicação daqueles documentos. *Por que se envolveu?*, perguntei. Poderia ter perdido tudo.

"Quando pergunta isso, está realmente querendo saber onde encontramos o significado da igreja da resistência", responde Simulcik. "Na pequena comunidade. Apenas nelas as pessoas conseguiam sentir-se livres."

Ele continua:

Quando estávamos com nossos amigos naquelas comunidades, tínhamos liberdade. Sabíamos que, quando saíssemos, haveria o totalitarismo. Ele controlava tudo e nos oprimia. As pessoas como eu, que queriam conhecimento e liberdade, e que queriam saber mais sobre nossa fé, dependiam dessas pequenas comunidades. Eram bem organizadas, e tínhamos líderes fortes. Era o único lugar em que você encontraria isso. Primeiro, fiz isso porque queria experimentar a liberdade pessoal, porém, ela estava conectada com Cristo. Após termos sentido o gosto da liberdade nessas comunidades, gradualmente passamos a querer lutar pela liberdade de todos.

Simulcik contou-me que ele e as células de diversos outros jovens católicos estavam com medo. Seria loucura não temer.

"A questão é qual vai vencer: o medo ou a coragem?", propõe ele. "No começo, era principalmente uma questão de medo. Mas, uma vez que começamos a experienciar a liberdade — e a sentíamos, você sentia a liberdade por meio das coisas que fazia —, nossa coragem cresceu. Experienciamos tudo aquilo juntos. Ajudávamos uns aos outros a criar cada vez mais coragem para fazer coisas maiores, como participar da Manifestação das Velas."

"Com essa coragem, também desenvolvemos nosso senso de dever e nossa necessidade de sermos úteis a outras pessoas", continuou o historiador. "Poderíamos ver os frutos do nosso trabalho. Segurávamos aqueles livros da *samizdat* em nossas mãos e dava para ver que as pessoas realmente os liam e aprendiam com eles. Vimos o que fazíamos como um serviço a Deus e às pessoas. Mas levamos anos para ver o fruto de nosso labor e para ver as comunidades crescerem."

As Pequenas Comunidades Podem Resgatar o Indivíduo Solitário

Frantisek Miklosko, agora na casa dos setenta, foi um líder central da segunda onda da igreja da resistência na Eslováquia. Quando nos encontramos para almoçar, em um restaurante de Bratislava, foi rápido em oferecer conselhos à atual geração de cristãos, que, em sua visão, enfrenta um tipo diferente de desafio do que ele enfrentara quando tinha a idade deles.

"Quando converso com os jovens de hoje, digo-lhes que têm uma dificuldade maior do que a que tivemos: é mais difícil identificar o inimigo. Falo para eles que o crucial é permanecer verdadeiro consigo mesmo, com sua consciência, e também participar da comunidade com outras pessoas que pensam igual e que compartilham a fé. Fomos salvos pelas pequenas comunidades."

Miklosko, que na juventude foi um aliado próximo do bispo católico da resistência, Jan Chryzostom Korec, dá os créditos ao bispo clandestino — tornado cardeal pelo papa João Paulo II após a queda do comunismo — ao enfatizar a importância das pequenas comunidades.

"Ele disse-nos que eles" — os comunistas — "podiam tirar tudo de nós. Podiam tirar a *samizdat* de nós. Podiam tirar nossa oportunidade de falar publicamente. Porém, não podíamos permitir que tirassem nossas pequenas comunidades".

Miklosko começou na universidade em Bratislava no ano de 1966 e conheceu os prisioneiros recém-soltos Krcmery e Jukl. Ele esteve na primeira pequena comunidade que dois dos discípulos de Kolakovic fundaram na universidade. Cristãos como Krcmery e Jukl levaram não apenas sua própria expertise de resistência cristã para uma nova geração, mas o testemunho de seu caráter. Eram como ímãs com um alto poder de atração para os jovens idealistas.

"É como a parábola bíblica dos dez justos", diz Miklosko. "Verdade, na Eslováquia havia muito mais que dez pessoas justas. Mas dez já seriam suficientes. Dá para criar um país inteiro com dez justos, que serão os pilares, como uma fundação."

Esses primeiros convertidos espalharam-se sobre a comunidade, em outras cidades da Eslováquia, assim como fizera a geração de Kolakovic. Não demorou até que passou a haver centenas de jovens fiéis, sustentados pelas reuniões de oração, pela *samizdat* e pela fraternidade mútua.

"Por fim, em 1988, a polícia secreta me chamou e disse: 'Sr. Miklosko, chega. Se não parar o que está fazendo, vai nos forçar a agir'", relata ele. "Mas, então, havia tantas pessoas, e a rede era tão grande, que eles não poderiam interrompê-la."

"Se tivessem vindo até nós nos anos 1970, talvez tivessem conseguido. Mas sempre nos lembrávamos de que o objetivo era transformar nossos pequenos números em quantidades tão grandes para que não pudessem nos parar", afirma Miklosko. "Graças a Deus que tínhamos líderes que nos ensinaram a paciência."

"A maioria de nós tinha medo, mas havia pessoas entre nós que realmente agiam totalmente de forma destemida. Penso em Silvo Krcmery, Vlado Jukl, o bispo Korec, mas havia centenas, até milhares, de outros", informa o historiador Jan Simulcik. "Os jovens como eu viam o exemplo deles, e conseguíamos criar coragem por meio desse exemplo. A lição aqui é que quando *vemos* alguém agindo corajosamente, também fazemos o mesmo."

Em muitas igrejas litúrgicas tradicionais, no nono dia da celebração da Páscoa, a congregação fica em uma escuridão total, segurando velas apagadas. O padre pega a chama do Círio Pascal, acende algumas das velas seguradas pelos fiéis, que se viram para os que estão ao seu redor e espalham a chama. Em minutos, as luzes de muitas velas, até centenas, talvez, e nas catedrais, até milhares, iluminam o que há pouco era um ambiente sepulcral. Essa é a luz que precede a proclamação da Ressurreição.

E, dessa forma, em 1988, os líderes da igreja da resistência, os netos espirituais do padre Kolakovic, organizaram a Manifestação das Velas na Bratislava — o maior protesto ocorrido na Tchecoslováquia desde a década de 1960. A polícia usou canhões de água para dispersar os milhares de cristãos reunidos pacificamente na praça principal da cidade para orar pelas liberdades religiosa e civil. Mas era tarde demais para os comunistas: a força estava com o povo. Em dois anos, o comunismo terminou.

"Tive um crescimento mais rápido do que qualquer político moderno europeu", brinca o advogado eslovaco Jan Carnigursky, ex-preso político e líder da Manifestação das Velas. "Fui solto da prisão e, duas semanas depois, estava sentado à mesa com Vaclav Havel negociando com os comunistas para a troca de poder."

Os Pequenos Grupos Podem Agir como Pastores

O instinto do padre Kolakovic de atingir os leigos católicos como uma fonte de resistência provou-se ser um golpe de mestre.

"A Igreja Católica oficial e aprovada estava limitada apenas às igrejas", conta Jan Canigursky, que defendeu os dissidentes no tribunal. "Caso descobrissem que os padres estavam indo ao apartamento de alguém e orando com eles, por exemplo, seria sentenciado à prisão. Era contra o código penal. Levou talvez vinte anos até que a Igreja Católica descobrisse como manter a fé viva sob tais condições, mas foi a igreja da resistência que logrou isso."

Na Rússia soviética, os evangélicos aprenderam e praticaram essa técnica de sobrevivência décadas antes. O pastor batista Yuri Sipko, agora com 68, relembra o mundo no qual nasceu — no qual seus pais e os amigos deles já viviam há algum tempo sob a perseguição cruel que Stalin fazia às igrejas.

"O golpe mais forte foi contra os pregadores e pastores, primeiramente. Levaram eles para a prisão. Outros levantaram-se e continuaram seu trabalho", conta-me Sipko. "Depois, tiraram suas casas de oração. Então, naquela altura, começaram as práticas de pequenos grupos — pessoas que viviam próximas umas das outras se juntavam nesses grupos. Não havia uma estrutura formal de pastores e de diáconos. Havia apenas irmãos e irmãs que liam a Bíblia, oravam e cantavam juntos."

"Quando prenderam meu pai, minha mãe ficou sozinha", continua ele. "Diversas outras irmãs foram deixadas sem maridos. Todos nós nos juntamos. Encontramos a Bíblia que tinham escondido. As mulheres a liam para todos nós. Diziam como as pessoas deveriam viver, qual deveria ser nossa esperança. Oravam juntas e choravam."

Esses pequenos grupos deram continuidade à vida da Igreja Batista por décadas, até que Gorbachev soltou os últimos presos de consciência.

"Sessenta anos de terror, e eles não abriram mão da fé", reflete o pastor. "Ela foi salva especificamente nos pequenos grupos. Não havia literatura, nada de organização para o ensino, e até o movimento foi proibido. Os fiéis reescreviam textos bíblicos à mão. E mesmo as músicas que cantávamos. Lembro-me até de escrever em meus próprios cadernos. Mas eles preservaram a fé verdadeira."

Entre xícaras de chá-preto fumegantes, o pastor refletia com uma emoção palpável.

"Muitos de nós nem tínhamos Bíblia. Apenas o fato de nos encontrarmos em uma situação na qual havia um grupo, e uma pessoa lia a Bíblia para os outros, era a maior motivação", afirma ele. "Era nosso pequeno nicho de liberdade. Fosse trabalhando na fábrica, na rua ou em qualquer outro lugar, tudo tinha a ausência de Deus."

Hoje, é fácil conseguir uma Bíblia na Rússia, é fácil congregar-se para os cultos e também é fácil encontrar ensinamentos religiosos na internet. Contudo, algo entre os cristãos contemporâneos foi perdido, diz o velho pastor — algo que era muito estimado por aqueles pequenos grupos.

> O cristianismo se tornou um fundamento secundário na vida das pessoas, e não o principal. Agora, tudo gira em torno de carreira, sucesso material e posição pessoal na sociedade. Nesses pequenos grupos, quando as pessoas se juntavam naquela época, o centro era Cristo, e Sua palavra estava sendo lida e interpretada como algo aplicável em sua própria vida. O que devo fazer como cristão? O que estou fazendo como cristão? Eu, com meus irmãos, estava analisando meu próprio cristianismo.

Pequenos grupos não apenas ofereciam responsabilidade, afirma ele, mas também davam aos fiéis uma conexão tangível com o Corpo de Cristo maior. "Era muito maravilhoso. Era o verdadeiro cristianismo."

Foi chocante ouvir Sipko dizer que na Rússia de hoje há evangélicos que voltaram aos padrões de vida que seus ancestrais viveram sob o comunismo — muito embora haja muito mais liberdade (de religião e de tudo mais) desde o desmantelamento da União Soviética, em 1991. "Eles têm uma compreensão muito clara de que sua fé em Cristo significa que terão de rejeitar este mundo secular", acrescenta ele. "Até mesmo nas condições de liberdade atuais, estamos tendo que viver na resistência."

Embora seja improvável que os cristãos ocidentais sejam ameaçados por irem à igreja, não é apenas possível, mas muito possível, que as igrejas institucionalizadas e que seus ministros continuem despreparados para o desafio de formar suas congregações para uma resistência efetiva. É aí que os pequenos grupos, intensos e comprometidos, no estilo daqueles da era soviética, tornam-se indispensáveis.

Os pequenos grupos não são algo novo. Nos Estados Unidos, congregações evangélicas e carismáticas há tempos praticam reuniões nesse formato, fora dos cultos formais, para a oração e o discipulado. O que a experiência da igreja sob o comunismo e uma leitura criteriosa dos sinais dos tempos hoje nos dizem é que todos os cristãos, de todas as igrejas, deveriam começar a formar tais células — não apenas para aprofundarem a vida espiritual de seus participantes, mas para treiná-los na resistência ativa.

A Solidariedade Não É Exclusivamente Cristã

Por mais importante que seja para os cristãos fortalecer seus vínculos entre si, não devem negligenciar o cultivo de amizades com pessoas de boa vontade de fora das igrejas. Na parte tcheca da Tchecoslováquia, os dissidentes cristãos tinham que manter um contato próximo com dissidentes seculares porque havia bem poucos fiéis dentro dos círculos de resistência.

Nas palavras do advogado Jan Carnigursky: "Em geral, não havia muitas pessoas que queriam enfrentar o comunismo. Era preciso fazer aliados onde pudesse. A polícia secreta tentava manter separados os liberais seculares e os cristãos, e queriam manter os tchecos e os eslovacos divididos. Não conseguiram, porque os líderes do movimento acabaram virando amigos dos líderes de outros círculos."

Na região eslovaca, Frantisek Miklosko entrou em contato com os liberais, não porque tinha que o fazer, mas porque o queria, de verdade.

"Até hoje, a comunicação com o mundo liberal secular enriquece minhas opiniões", confessa ele. "É importante eu ter minha casa e estar ciente de que sei qual é a minha situação. Conheço meus valores. Mas preciso estar em contato com o mundo liberal, porque, de outra forma, há o perigo da degeneração."

A associação próxima de Miklosko com escritores e artistas liberais seculares ajudou-o a compreender o mundo além dos círculos da igreja, e a pensar criticamente a respeito de si mesmo e de outros ativistas cristãos. E, diz ele, os artistas liberais conseguiram perceber e descrever a essência do comunismo melhor que os cristãos — uma habilidade que os ajudou a sobreviver, e até prosperar, sob a opressão.

No comunismo do passado, os liberais seculares compartilharam com os cristãos a convicção de que o comunismo era uma mentira destrutiva. Mas, hoje, mencionei a Miklosko, a maioria dos liberais parece pensar que o tipo de opressão que está por vir contra os fiéis religiosos é justificada, até necessária, apesar de sua iliberalidade.

Imagine, propõe ele, que os liberais de boa-fé tenham algo a aprender conosco — e só conseguirão isso se permanecermos em contato com eles.

"Passei minha vida toda no ambiente dos liberais", revela Miklosko. "Chegou um momento nas vidas daquelas pessoas que elas perceberam que queriam conversar sobre algo mais profundo. Perceberam que estavam buscando e que precisavam ter alguém com quem conversar. Nós, cristãos, temos que estar presentes no mundo e estar prontos para quando isso acontecer."

Sob o comunismo, um conhecido intelectual liberal que era famoso por seu ateísmo pediu na encolha a Miklosko que o levasse à igreja. "Ele me disse: 'Tentei orar em minha casa, mas realmente não deu certo.' Ele queria tentar na igreja. Disse-me: 'Vou tentar fazer tudo o que você faz, para ver se funciona.'"

A ideia do ativista cristão: seja gentil com os outros, pois nunca sabemos quando precisaremos deles, ou quando eles precisarão de você.

O que fazer em um mundo no qual não é possível saber em quem podemos confiar? Uma resposta é nos retirarmos aos círculos de confiança. Outra — uma arriscada, convenhamos — é não nos preocuparmos com isso, e sermos gentis de qualquer forma.

"O padre Jerzy sabia que a sociedade toda estava infiltrada por agentes comunistas. Seu vizinho, outro padre, era um agente comunista. E, ainda, o padre que anunciou sua morte bem aqui na igreja era um agente comunista", informa Pawel Keska, curador do museu Popieluszko. "Porém, o padre Jerzy disse uma coisa importante: 'Não podemos ficar preocupados tentando descobrir quem é ou não um agente. Se fizermos isso, vamos nos destruir como comunidade.'"

Keska contou uma história sobre um estranho que se dirigiu ao padre Jerzy para lhe entregar um pacote. Acabou ficando com o padre por três anos, até sua morte. Era ateu, mas, com o tempo, passou a ficar interessado na fé. Certa vez, perguntou ao padre algo sobre a Bíblia. O padre Jerzy respondeu à pergunta, mas manteve o foco no homem como ser humano, e não como um potencial convertido.

"Quando a questão é sobrevivência, talvez o que seja mais importante é a fidelidade simples: não pela evangelização direta das pessoas, mas pelo desenvolvimento de relações honestas uns com os outros — não ficar vendo se a pessoa é boa ou não, ou julgando-a por sua ideologia", comenta Keska. "Ele era constantemente observado pela polícia secreta, que ficava estacionada bem em frente de sua casa. Durante os severos e congelantes invernos, ele levava um chazinho quente para aquecê-los. Porque eram pessoas, só isso."

Fazendo com que a Dor
Seja Mais Fácil de Ser Suportada

Vakhtang Mikeladze é um conhecido documentarista da Geórgia. Sua idade está avançada, mas ele ainda está mergulhado no estilo teatral, do mundo antigo. Visitá-lo em seu apartamento de Moscou envolve mais do que levantar algumas taças de conhaque georgiano em brindes sentimentais. Mas também fez com que um visitante norte-americano fosse levado a um mundo de sofrimento quase incompreensível.

O pai de Mikeladze, Evgeni, era um famoso maestro de Tbilisi quando entrou em conflito com Stalin. Em 1937, foi preso, torturado e morto a tiros pela NKVD, a predecessora da KGB. Vakhtang, então com quinze, e sua irmã, com dezessete, foram levados em custódia sob uma lei que ordenava punições para familiares de "traidores da mãe-pátria".

Durante nossa longa e emotiva conversa, Vakhtang falou sobre a vergonha que carrega consigo, mas não revelou o porquê até o final, quando, em lágrimas, contou-me sobre a noite em que a polícia secreta foi em busca dos adolescentes Mikeladze.

"Quando prenderam minha irmã e a mim, estávamos completamente assustados", testemunha ele. "Colocaram a gente na carroceria de um caminhão e minha tia, na cabine, com um soldado. Quando saíram do prédio, em direção ao carro, tinha um tipo de pátio fechado. Todo mundo estava lá, olhando e chorando."

"Conforme o veículo andava, minha irmã e eu ficávamos nos olhando, um de frente para o outro. Tinha um soldado ao lado de cada um. Daí, do nada, diferentes caminhões começaram a aparecer e a nos seguir na estrada. Aquilo se tornou uma longa caravana dos presos. Quando percebemos que todos aqueles outros caminhões estavam cheios de presos, ela me olhou e sorriu, e sorri de volta. Sabíamos que, pelo menos, não estávamos sozinhos."

As lágrimas agora rolavam livremente. Aquele senhor murmura suavemente: "Tenho vergonha porque fiquei contente naquele momento."

Por mais dolorosa que essa memória seja para Mikeladze, que após aquele episódio passaria muitos anos no gulag, ela testifica a importância da camaradagem em meio à angústia. O padre Kirill Kaleda conta uma história sobre São Alexei Mechev, um padre de Moscou que faleceu em 1923. Mais cedo em sua vida, a esposa do padre Alexei morreu em consequência de uma doença, deixando-o com seis crianças para criar. Desprovido e paralisado, buscou conselho com o padre João de Kronstadt, conhecido padre ortodoxo russo que foi canonizado após sua morte, em 1909. O padre João disse ao enlutado: "Junte sua dor com a dor dos outros, então perceberá que será mais fácil de suportá-la."

O padre Alexei seguiu o conselho. Tornou-se um pregador renomado, um pai espiritual e orientador dos quebrantados. Quando morreu, em 1923, o regime bolchevique libertou Tikhon, o patriarca de Moscou, da prisão, para realizar o funeral do padre João. O filho do padre João, Sergei, também se tornou padre. Em 1944, o padre Sergei foi executado na prisão pelos soviéticos por causa de sua fé. Pai e filho foram canonizados e são agora santos. Suas representações estão acima da lareira em minha sala de estar.

A instrutora universitária Maria Komaromi percebe uma grande solidão entre os alunos de sua instituição, em Budapeste. Ela pensa sobre os anos comunistas, quando, com seu falecido esposo, faziam reuniões de pequenos grupos com jovens cristãos em seu apartamento, em Budapeste. Aqueles encontros ajudaram muito os jovens com dificuldades, relembra ela. Talvez algo assim poderia ser feito novamente.

"Sem dúvidas, o primeiro passo é reconhecer a solidão", afirma ela. "Para os jovens, o fato de que têm muitos amigos nas redes sociais esconde o problema. Portanto, precisamos combater essa solidão. Isso pode ser feito pela formação de pequenas comunidades em torno de praticamente qualquer coisa."

Sir Roger Scruton, que ajudou os aliados tchecos a construírem a resistência intelectual, enfatiza a importância hoje para que os dissidentes criem e se comprometam com pequenos grupos — não apenas comunidades da igreja, mas clubes, grupos de canto, sociedades esportivas e assim por diante. A questão é encontrar algo para que você desvie a atenção de si mesmo, para descobrir seu próprio valor para os outros, e para aprender como aceitar a disciplina que vem com a responsabilização para com os outros e com um propósito compartilhado. Certamente, Vaclav Benda, embora cristão, trabalhou muito para conseguir juntar seus colegas tchecos de todos os credos por qualquer propósito, mesmo que apenas para desafiar o medo e a atomização dos quais o regime totalitário dependia para aplicar suas regras.

Komaromi concorda que temos que começar nossa rebelião contra a atomização contemporânea em algum ponto. O indivíduo que estiver sozinho contra a máquina será esmagado.

Organize-se Agora, Enquanto É Possível

Zofia Romaszewska é uma das verdadeiras heroínas da Polônia moderna. Ela e seu falecido marido, Zbigniew, eram acadêmicos e ativistas do movimento sindicalista Solidariedade. O casal juntou-se à luta pela liberdade e pelos direitos humanos na década de 1960, quando realizava encontros de dissidentes em seu apartamento. Quando o regime comunista declarou a lei marcial, em 1980, em uma tentativa de acabar com o Solidariedade, Romaszewska e seu esposo se esconderam e fundaram a rádio clandestina do Solidariedade. Mais tarde, ela foi presa, mas recebeu anistia após diversos meses.

Hoje, aos 80, Romaszewska, agora uma *grande dame* da resistência anticomunista, ainda possui a chama e a tenacidade de uma guerreira das ruas. Após cinco minutos de conversa com ela em seu apartamento, em Varsóvia, fica claro que qualquer comissário que estivesse frente a frente com uma guerreira como essa mulher não teria chances de vitória.

Romaszewska é contundente quanto ao assunto, bem, da solidariedade. Ela vê o perigo do totalitarismo chegando rapidamente, e clama aos jovens que saiam da internet e se encontrem face a face para criar a resistência.

"Na minha percepção, esta é a essência, este é o coração de tudo agora: formar as comunidades e as redes de comunidades", afirma ela. "Qualquer tipo de comunidade que puder imaginar. A questão é que os membros dela devem apoiar uns aos outros, não importa o que aconteça. Você não precisa estar preparado para dar sua vida pela outra pessoa, mas há, sim, a necessidade de ter algo em comum, de fazer algo juntos."

Veja, Julgue, Aja

A atomização da vida contemporânea deixou quase a maioria de nós vulnerável à desmoralização — e, portanto, à manipulação. Não é diferente com os cristãos. É fácil para os fiéis sentirem que estão totalmente sozinhos, mesmo quando estão reunidos para o culto. Por sua indiferença à solidariedade, e por sua entrega à desintegração social como o novo normal, os cristãos facilitam a situação para aqueles que estão no poder, que nos odeiam e nos controlam.

Precisamos desesperadamente romper as cadeias da solidão e encontrar a liberdade que nos espera no companheirismo. O testemunho de dissidentes anticomunistas é claro: apenas na solidariedade com os outros podemos encontrar a força espiritual e comunal para resistirmos. Quanto mais ficarmos isolados em um período de liberdade, mais difícil será encontrar um ao outro em tempos de perseguição. Devemos ver em nossos irmãos e irmãs não um fardo de obrigação, mas a bênção de nossa própria libertação das garras da solidão, da suspeição e da derrota.

Discernir os critérios para a amizade é um negócio arriscado quando confiar na pessoa errada pode lhe mandar para a prisão. Alguns, como o padre Jerzy Popieluszko, permaneceram abertos a todos, mas a maioria dos cristãos dissidentes aprendeu a ser extremamente cuidadosa. Não era apenas sua segurança que estava em jogo, mas o bem-estar de todo o movimento da Igreja. Esses limites devem ser definidos de acordo com as circunstâncias particulares. Como aprendemos com os exemplos do padre Kolakovic, os cristãos devem instruir a si mesmos sobre os mecanismos de como operar células e redes de resistência enquanto ainda podem fazê-lo.

Os cristãos devem agir para criar vínculos de irmandade não apenas entre e cruzando as fronteiras denominacionais e internacionais, mas também com pessoas de boa vontade que pertençam a outras religiões, ou que não tenham religião. Quando suas almas são justas, os fiéis não servem apenas ao bem da igreja, mas são meios pelos quais as bênçãos de Deus chegam a todas as pessoas.

Os líderes de pequenos grupos devem estar dispostos e aptos a desempenhar papéis de catequese, ministeriais e organizacionais, normalmente realizados pelos líderes institucionais da igreja, que talvez não consigam fazê-lo sob a lei, ou estejam comprometidos demais de outras maneiras, de modo a realizar sua função designada.

Por fim, a fraternidade dos pequenos grupos mantém o moral alto quando o desprezo e a tormenta do mundo derem com tudo nas costas dos fiéis. Os jovens cristãos de Moscou na década de 1970 recordam seus momentos juntos, louvando e orando, fortalecendo uns aos outros, como tendo sido os mais felizes de sua vida. Curvaram-se perante o peso do Estado soviético, porém, não foram esmagados, porque Deus estava com eles — e também o estavam seus irmãos e irmãs em Cristo.

Se o amor era a cola que unia sua fraternidade, então o sofrimento compartilhado era o que ativava o vínculo, tornando-o real. O sofrimento era o teste. O amor, como Paulo nos diz, tudo suporta. E é isso o que o totalitarismo faz: ele seduz aqueles — mesmo os cristãos — que perderam a capacidade de amar de forma perene, frente à situação que for. Eles acham que amam, quando apenas desejam. Acreditam que seguem a Jesus, mas, na verdade, apenas O admiram.

Cada um de nós pensa que não seríamos assim. Mas, se aceitamos a grande mentira de nossa cultura terapêutica, que nos diz que a felicidade pessoal é o maior bem de todos, então nos entregaremos quando o primeiro sinal de problema aparecer.

CAPÍTULO DEZ

A Dádiva do Sofrimento

Encontro-me em um bonde de Budapeste com uma amiga húngara, que está na casa dos trinta. Estamos indo entrevistar uma senhora que suportou perseguições reais na era comunista. Ao sacolejarmos pelas ruas da cidade, minha amiga fala sobre como é difícil ser honesta com amigas de sua idade sobre as dificuldades que enfrenta como esposa e mãe de filhos pequenos.

Suas dificuldades são totalmente comuns para uma mulher que está aprendendo a ser mãe e esposa — contudo, a atitude predominante entre sua geração é de que as dificuldades da vida são uma ameaça ao seu bem-estar e deveriam ser refutadas. Seu marido a irrita? Então, deveria deixá-lo. Seus filhos estão chateando-a? Que os mande para a creche. Suas amigas não compreendem que o sofrimento é uma parte normal da vida — até mesmo parte de uma boa vida, pois ele nos ensina como sermos pacientes, bondosos e amáveis. Ela não quer que as amigas lhe deem conselhos sobre como escapar de seus problemas; apenas quer ajuda para superá-los.

Digo à minha amiga que esse é o argumento que João, O Selvagem, usa com o Administrador Mundial na parte final de *Admirável Mundo Novo*, de Huxley. O Selvagem, explico-lhe, é um marginalizado em um mundo que vê o sofrimento, até a mera infelicidade, como uma opressão intolerável. Ele luta por seu direito de ser infeliz — "e, da mesma forma", digo à minha amiga, "você também o faz".

Ao descermos do bonde e caminharmos até nosso encontro, conversamos sobre a ironia da reviravolta social que tomou conta na Hungria pós-comunista. A mulher que estou prestes a encontrar, como todos os cristãos que entrevistara, permitiu que o sofrimento infligido pelo regime comunista aprofundasse seu amor a Deus e aos colegas fiéis perseguidos. Agora, em liberdade e relativa prosperidade, os filhos da última geração comunista foram presos em uma tirania mais sofisticada e sutil, que lhes diz que qualquer coisa que acham difícil é uma forma de opressão. Para esses millennials, a infelicidade é uma escravidão, e a liberdade é a libertação do fardo das obrigações não escolhidas.

Embora tais sentimentos decadentes sejam chocantes porque surgiram em um país pós-comunista, de modo algum estão limitados aos jovens húngaros. Uma pesquisa realizada em 2019 pela NBC News e pelo *Wall Street Journal* revelou uma distinta minoria de jovens adultos norte-americanos que acreditavam que a religião, o patriotismo e ter filhos são partes importantes da vida, enquanto quatro em cada cinco disseram que a "autorrealização" é o segredo para a boa vida.[1] De modo semelhante, o sociólogo da religião Christian Smith descobriu em seu estudo sobre essa geração que a maioria deles acredita que a sociedade não é nada além de "uma coleção de indivíduos autônomos curtindo a vida".

Essas são as pessoas que receberiam de braços abertos o Estado Policial Rosa. Essa é a geração que abraçaria o totalitarismo brando. Tais são os jovens frequentadores de igreja que têm pouca capacidade de resistir, porque foram ensinados que a boa vida é aquela sem qualquer sofrimento. Se é que receberam qualquer instrução sobre a fé, foi sobre um cristianismo sem lágrimas.

O Sofrimento Como Testemunho à Verdade

Embora, uma vez mais, o totalitarismo que estamos enfrentando hoje seja mais parecido com o de Huxley do que com o de Orwell, ambos os livros ensinam algo sobre o sofrimento e a verdade — e, da mesma forma, os sobreviventes que sentiram os açoites comunistas.

É importante que abriguemos tais lições em nosso coração. Os dias futuros forçarão os cristãos ocidentais a confrontarem o sofrimento pessoal pela fé de modos nunca vistos (os cristãos afrodescendentes são a exceção óbvia). Além disso, não há como enfatizar demais o seguinte: o antigo totalitarismo conquistou as sociedades por meio do medo da dor; o novo as conquistará basicamente pela manipulação do amor que as pessoas sentem pelo prazer e pelo medo do desconforto.

Não devemos confundir o fato de estarmos marginalizados social ou profissionalmente com os campos de prisão e com as balas dos executores — sendo estes últimos muito reais para os dissidentes anticomunistas. Porém, saiba disto também: se nós, os fiéis dos últimos dias, não estamos aptos e dispostos a sermos fiéis perante as provas relativamente pequenas que enfrentamos agora, não há motivos para pensarmos que teremos o necessário para aguentar a grave perseguição no futuro.

"Sem estar disposto a sofrer, ou mesmo a morrer por Cristo, isso é apenas hipocrisia. É apenas a busca pelo conforto", afirma Yuri Sipko, o pastor batista russo. "Quando me encontro com irmãos da fé, especialmente os jovens, peço a eles que me digam três valores como cristãos pelos quais estão dispostos a morrer. É aí que vemos a divisão entre aqueles que são sérios com respeito à fé e aqueles que não o são."

Quando ele pensa sobre o passado comunista, sobre os cristãos que foram enviados aos campos de prisão e que nunca voltaram de lá, a respeito daqueles que foram ridicularizados no mundo, que perderam seus empregos e que, em alguns casos, até tiveram seus filhos arrancados de si por causa de sua fé, Sipko sabe o que lhes deu a força para suportar. Sua habilidade para sofrer tudo aquilo em nome de Cristo é o que testemunhou à realidade sobre seu Deus invisível.

"É preciso professá-Lo e adorá-Lo de tal forma que as pessoas possam ver que este mundo é uma mentira", diz o velho pastor. "É difícil, mas é isso que revela o homem como uma imagem de Deus."

Maria Komaromi é professora de uma escola católica de Budapeste. Ela e seu falecido marido, Janos, foram dissidentes religiosos sob o regime comunista e carregaram os muitos fardos para manter a fé viva.

"É preciso sofrer pela verdade porque é isso o que nos torna autênticos. É isso o que faz com que a verdade seja crível. Se não estamos dispostos a sofrer, minha verdade pode não ser nada além de uma ideologia", disse-me ela.

> *O sofrimento faz parte da vida de todo mundo. Não sabemos por que sofremos. Mas nosso sofrimento é como um selo. Se colocarmos esse selo sobre nossas ações, curiosamente, as pessoas começarão a se questionar sobre nossa fé — que talvez estejamos certos a respeito de Deus. De certo modo, é um mistério, porque o Mal quer nos persuadir de que há vida sem sofrimento. Primeiro, temos que suportá-lo e, então, tentar passar adiante o valor do sofrimento, pois ele tem seu valor.*

A riqueza, o sucesso e o status não são defesas reais contra o sofrimento, argumenta Komaromi. Veja todas as pessoas que têm tudo o que este mundo pode oferecer, mas que ainda caem como presas de um comportamento autodestrutivo ou até suicida. Os cristãos devem abraçar o sofrimento, pois foi o que Jesus fez e porque eles têm a promessa, pela fé, de que compartilhar de Seu sofrimento lhes dará a glória na próxima vida. Mas, às vezes, acrescenta ela, podemos ver os resultados nesta vida.

"Quando comecei a ter filhos, outros filhos vieram", relata Komaromi, cujos filhos são adultos agora. "Quando recebemos todos eles naquela época, fomos tratados como idiotas. Agora, porém, a situação toda se reverteu, e as pessoas sentem inveja por termos uma família bem grande. Assim, em longo prazo, há um tipo de comprovação."

Maria Wittner, agora com seus oitenta anos, é considerada por seus compatriotas como uma heroína nacional por ter lutado contra os soviéticos quando eles invadiram a Hungria, em 1956. Ela era a única adolescente na época. O regime comunista a prendeu logo depois que ela completou vinte anos e, um ano depois, a condenou à morte, embora sua sentença tenha sido posteriormente alterada por causa de sua juventude. Mas ela aguentou sofrimentos e dores terríveis durante seus oito meses no corredor da morte.

Havia execuções diariamente, ou dia sim, dia não, por enforcamento. As pessoas que eram levadas à execução diziam seus nomes em voz alta e deixavam um tipo de mensagem em suas palavras finais. Algumas cantavam o hino nacional, outras louvavam seu país, enquanto outras gritavam: "Vinguem-me!"

Havia dias em que diversas pessoas eram enforcadas, chegando a sete certo dia. A amiga de Wittner, Catherine, também foi sentenciada à morte. Elas passaram a última noite de Catherine juntas na cela e deram seu último adeus após o nascer do sol.

Os guardas a levaram. Na última visão que tive dela, estava se alinhando e então partiu, com as costas firmes como uma rocha. A porta se fechou, e fiquei sozinha. Comecei a bater na porta, gritando: "Tragam ela de vol-

ta!", muito embora soubesse perfeitamente que não adiantaria nada. Então, desmaiei. Quando recuperei meus sentidos, jurei a mim mesma que nunca me silenciaria sobre o que vira, caso tivesse a oportunidade de dar um testemunho.

É por isso, acredita, que sua vida foi poupada: para que pudesse contar ao mundo o que os comunistas fizeram a pessoas iguais a ela.

"Tenho pensado muito sobre o medo", revela. "Como, por exemplo, o que é o medo? Alguém que tem medo será forçado a fazer as coisas mais maldosas. Se alguém não tem medo de dizer não, se sua alma for livre, não há nada que possam fazer a você."

A senhora me olha por sobre a mesa da cozinha, com olhos penetrantes. "No fim, aqueles que têm medo sempre acabam de forma pior do que os corajosos."

Admiradores ou Discípulos?

O cineasta Terrence Malick retrata o conflito em sua obra-prima de 2019, *Uma Vida Oculta*, talvez a melhor evocação do cinema tanto do Evangelho como do drama interior causado pela resistência ao totalitarismo, como um confronto de religiões rivais: o nazismo e o catolicismo.

O filme baseia-se na história real de Franz Jägerstätter, fazendeiro católico austríaco que se recusa a servir no exército nazista porque não juraria lealdade a Adolf Hitler. Para ele, isso seria um ato de idolatria. Os nazistas o enviaram à prisão e o executaram em 1943 por traição. Em 2007, o papa Bento XVI o beatificou como mártir.

No filme, praticamente todos os moradores da minúscula vila alpina de Jägerstätter aceitam o nazismo sem protestos. Alguns, até com entusiasmo. Outros possuem dúvidas pessoais, mas têm muito medo de revelá-las. Até o padre da paróquia diz a Franz que seria melhor para sua esposa e para seus filhos se ele ficasse de boca calada e se conformasse. Franz e a esposa, Fani, são os únicos que entendem como o totalitarismo nazista é realmente mau e que estão dispostos a sofrer pelo testemunho a suas convicções.

Uma Vida Oculta deixa claro que a fonte de sua resistência foi sua profunda fé católica. Contudo, todos na vila também são católicos — mas se conformam com o mundo nazista. Por que os Jägerstätter viram, julgaram e agiram desse modo, mas nenhum outro de seus colegas cristãos fez o mesmo?

A resposta vem em uma conversa de Franz com um velho artista que está pintando imagens de histórias bíblicas na parede da igreja da vila. O artista lamenta a própria inabilidade para verdadeiramente representar Cristo. Suas imagens confortam os fiéis, mas não os levam ao arrependimento e à conversão. Nas palavras do pintor: "Criamos admiradores. Não criamos seguidores."

Malick, que foi autor do roteiro e estudou filosofia, quase certamente extrai tal distinção do existencialista cristão do século XIX, Soren Kierkegaard, que escreveu que Jesus não proclamou uma filosofia, mas uma forma de vida.

> *Cristo compreendeu que ser um "discípulo" estava em mais íntima e profunda harmonia com o que disse a respeito de si mesmo. Ele afirmou ser o caminho, a verdade e a vida (Jo 14:6). Por esse motivo, nunca poderia estar satisfeito com admiradores que aceitavam Seu ensinamento — especialmente com aqueles que, em suas vidas, o ignoravam ou deixavam que a vida seguisse normalmente. Sua vida toda na Terra, do começo ao fim, estava destinada unicamente a ter seguidores e a impossibilitar que tivesse admiradores.[2]*

Os admiradores adoram estar associados a Jesus, mas, quando os problemas aparecem, viram as costas a Ele ou, de certa maneira, tentam distanciar-se do Senhor. O admirador quer o conforto e a vantagem provenientes de ser um cristão, mas, quando as coisas viram, e quando Jesus se torna um escândalo ou algo pior, o admirador desiste. Nas palavras de Kierkegaard:

> *O admirador nunca faz quaisquer sacrifícios reais. Sempre fica no limite do que ainda é seguro. Embora, em suas palavras, expressões e músicas demonstrem incansavelmente o quanto valoriza Cristo, não renuncia a nada, não reconstrói sua vida e não permite que sua vida expresse aquilo que supostamente admira. O mesmo não se dá com o seguidor. Não, de modo algum. O seguidor aspira com toda a sua força a ser o que ele admira. E então, notadamente, muito embora esteja vivendo em meio a um "povo cristão", corre o mesmo perigo que corria quando era perigoso professar Cristo abertamente.*[3]

O seguidor reconhece o custo do discipulado e está disposto a arcar com ele. Isso não quer dizer que está obrigado a se colocar em perigo máximo a todo momento ou que deve se considerar culpado por ser um admirador. Mas significa que, quando a Gestapo ou a KGB aparecer em sua vila e obrigar-lhes a se curvarem perante a suástica ou perante a foice e o martelo, o seguidor fará o sinal da cruz e caminhará, com medo e tremente, em direção ao Gólgota.

Sofra sem Amargura

Este é um dos mandamentos mais difíceis de Cristo:

> *Eu, porém, vos digo: amai os vossos inimigos e orai pelos que vos perseguem. (Mateus 5:44, ARA)*

Muitas pessoas acham difícil ser caridoso com um vendedor que é grosseiro com elas ou com alguém que corta sua frente no trânsito. Poucas conseguiriam amar alguém responsável por perderem o trabalho ou, pior, por ficarem marcadas negativamente na profissão. Raros são os homens ou as mulheres que conseguem encontrar amor em seus corações para com quem os assaltou ou os estuprou.

Pois, então, a maioria não é Silvester Krcmery.

Você deve se lembrar de que Krcmery, que morreu em 2013, foi uma das figuras mais importantes da resistência anticomunista católica eslovaca. Em seu julgamento posterior, os advogados de acusação comunistas o chamaram de mentiroso por dizer que os tchecos não tinham liberdade religiosa. *Você pode ir à igreja para o culto, não pode?*, provocaram — farpa essa também lançada pelos progressistas ocidentais contemporâneos sobre os conservadores que argumentam em favor da liberdade religiosa.

Krcmery devolveu a acusação na cara deles. Disse que Jesus não fica satisfeito apenas com as idas à igreja, mas quer fiéis que vivam por Ele o tempo todo e em todos os lugares. Foi isso que Krcmery aprendera estudando com o padre Kolakovic, e foi isso também que chamou a atenção da polícia secreta.

"Não tenha medo e sempre aja como você acha que Cristo agiria se estivesse em seu lugar e em determinada situação", foi o que o padre Kolakovic ensinara a seus seguidores. Quando a polícia secreta prendeu Krcmery, ele deu risada, pois entendeu que estava recebendo a dádiva de sofrer por Jesus.

Na prisão, negaram uma Bíblia a Krcmery, e ele ficou agradecido por ter passado os cinco anos anteriores de liberdade memorizando as Escrituras. Como outros presos políticos, aguentou repetidas torturas. Fora treinado para resistir à lavagem cerebral e, no fim, dependeu unicamente da fé para que guiasse seu caminho. Quanto mais se entregava à fraqueza, maior era sua força espiritual.

O jovem médico decidiu unir seu sofrimento com o de Cristo e oferecer sua dor como uma dádiva a Deus, em prol de outras pessoas perseguidas. Acreditava que o Senhor estava permitindo que aguentasse tal provação por um motivo — porém, tinha que convencer a si mesmo disso perante as agonias.

"Portanto, não parava de repetir: 'Sou realmente uma sonda de Deus, Seu laboratório. Passarei por tudo isso para que possa ajudar os outros e a Igreja.'"[4]

Krcmery decidiu que tinha que ser útil. Descobriu que os atos simples de solidariedade, tanto os oferecidos quanto os recebidos, para com os colegas que sofriam importavam mais do que podia imaginar. Naquela prisão comunista, o comando bíblico de carregar os fardos uns dos outros tornou-se intensamente real. "Um irmão que ajudava em tempos difíceis estava mais próximo dos nossos sofrimentos do que os parentes e amigos mais próximos, do lado de fora, e geralmente de forma permanente", escreve ele. Esse leigo católico vivia a verdade no conselho dado pelo padre ortodoxo João de Kronstadt ao padre viúvo Alexei Mechev: unir suas dores com as dores dos outros, pois assim ficariam mais fáceis de ser suportadas.

Tortura, privações, isolamento — tudo isso poderia ter destruído Silvo Krcmery e o tornado um homem cheio de ódio ou, pelo menos, derrotado. Porém, a transcrição de seu julgamento, ocorrido em 1954, mostra que aquelas coisas o refinaram, o purificaram e o fizeram mais forte no Senhor. Em sua defesa final, Krcmery proclamou à corte, desafiadoramente:

> *Deus me deu tudo o que tenho, e agora sou perseguido por causa d'Ele, e, sendo agora chamado a professar minha fé n'Ele, deveria fingir que não acredito? Deveria eu esconder minha fé? Deveria negá-Lo?*[5]

Provocou seus perseguidores comunistas, declarando: "Não permitiremos a nós mesmos que sejamos levados pelo ódio, que nos rebelemos ou mesmo que reclamemos... É aqui que repousam nossa força e superioridade."

Silvester Krcmery passaria dez anos sem ver a vida do lado de fora da prisão. Passou o resto de sua vida evangelizando a partir de casa, em Bratislava, e trabalhando com os doentes, especialmente os viciados. O homem que disse que recusar o ódio era a força dos cristãos perseguidos não buscou vingança, mesmo após a queda do comunismo.

"Bendita Seja, Prisão": Recebendo o Sofrimento Como uma Dádiva

"Orai pelos que vos perseguem", ensinou Jesus. É mais fácil resistir à vingança se tiver essa mentalidade. Em sua obra-prima, *O Arquipélago Gulag*, Alexander Soljenítsin revela como ele e seus colegas detentos apanhavam, eram humilhados, desprovidos de liberdade, forçados a viver em meio à sujeira e a temperaturas congelantes, arrastando-se em meio a ratos e obrigados a aguentar muitas outras manifestações grotescas da determinação comunista de criar o céu na Terra. É por isso que nada em seu livro épico choca mais do que o seguinte:

> *E é por isso que me volto aos anos de encarceramento e digo, às vezes para o espanto daqueles ao meu redor:* **"Bendita seja, prisão!... Bendita seja, prisão, por ter estado em minha vida!"**[6]

A afirmação audaciosa de Soljenítsin era a de que o sofrimento o havia redefinido, o havia ensinado a amar. Foi apenas lá, ao experienciar o sofrimento intenso, que o prisioneiro começou a entender o significado da vida, passando a sentir pela primeira vez o bem dentro de si mesmo.

Quero deixar claro que não há nada nos Evangelhos que exija que os cristãos busquem o sofrimento. A Palavra de Deus não é uma prescrição para o masoquismo. Mas a vida de Cristo, assim como o exemplo dos profetas no Antigo Testamento, convence os fiéis a aceitarem o impenetrável mistério de que o sofrimento, se recebido corretamente, pode ser uma dádiva.

O padre Kirill Kaleda, pároco ortodoxo russo que pastoreia uma igreja dedicada à memória dos mártires da perseguição bolchevique, oferece uma visão prudente sobre o sofrimento na vida de um cristão.

"Pegar sua cruz e carregá-la sempre será algo desconfortável. Podemos dizer claramente que a atual ideologia de conforto é anticristã em sua própria essência", propõe o padre Kirill. "Mas devemos destacar o fato de que a Igreja, nem uma única vez, conclama seus seguidores a buscarem o sofrimento, e até deixa claro que são advertidos a não fazerem isso. Porém, se uma pessoa se encontra em uma situação na qual está sofrendo, então deve enfrentá-la com coragem."

Alexander Ogorodnikov, sobre quem falei em capítulos anteriores, é um dos dissidentes mais famosos do período final soviético. Nascido em uma família comunista, foi líder do movimento de jovens Komsomol, sendo que seu entusiasmo lhe angariou a atenção da KGB como um recruta em potencial. Porém, converteu-se ao cristianismo quando tinha cerca de vinte anos. Sua campanha pela liberdade religiosa conquistou uma sentença de cadeia em 1978. Foi libertado nove anos depois que o então presidente dos EUA, Ronald Reagan, e a então primeira-ministra britânica, Margaret Thatcher, apelaram ao líder soviético Mikhail Gorbachev em seu nome.

Ogorodnikov, agora com quase setenta, é discreto e intenso. Seu rosto está parcialmente paralisado como resultado das surras que recebeu no gulag. Uma coisa é ler sobre a tortura nos campos de prisão soviéticos em um livro. Ouvir um relato da boca de um homem que a vivenciou é outra totalmente diferente. Descobri depois, com meu intérprete, que Ogorodnikov estava ansioso com nosso encontro no Hotel Metropol, pois, na época comunista, o local era um covil da KGB.

Embora não tenha sido sentenciado à morte, as autoridades soviéticas mesmo assim decidiram dar uma lição a Ogorodnikov ao colocarem-no no corredor da morte em uma das prisões mais cruéis da URSS — local para onde, de acordo com um dos captores de Ogorodnikov, o Estado enviava as pessoas para fazê-las abrirem a boca, "para sangrá-las, gota a gota".

"Quando entrei na cela e observei os outros que estavam lá, disse-lhes: 'Ouçam, irmãos, fui enviado aqui para ajudá-los a enfrentar a morte, não como criminosos, mas como homens com almas que encontrarão seu Criador, que encontrarão Deus, o Pai", contou-me ele. "Como sempre levavam as pessoas para serem executadas a tiros logo cedo, muitos deles nem dormiam. Esperavam a batida na porta para ver quem seria chamado. Então, é claro que não dormiam. Nem eu. Ajudei-os a transformar aquelas noites de terror em noites de esperança."

O jovem cristão nem com trinta anos disse àqueles criminosos endurecidos que, embora não fosse padre, ainda assim estava disposto a ouvir suas confissões.

"Disse-lhes que não poderia absolvê-los, mas que, quando eu morresse e estivesse perante o Senhor, seria testemunha de seus arrependimentos", relata ele. "Se quisesse descrever as confissões deles a você, precisaria ser Dostoiévski. Eu mesmo não tenho as palavras. Disse a eles que Deus é misericordioso e que o fato de que estão admitindo o que fizeram, e condenando isso, os limparia e os purificaria. Seriam executados mais cedo ou mais tarde, mas, pelo menos, morreriam com a consciência limpa."

Quando as autoridades da prisão perceberam que o confinamento em uma célula com os piores dos piores não estava fazendo com que Ogorodnikov se arrependesse de seus pecados contra o Estado soviético, colocaram-no em um confinamento solitário.

"Estava sozinho na câmara certa noite", recorda ele. "Senti muito claramente alguém me acordando no meio da noite. Foi suave, mas claro."

Quando acordei, tive uma visão muito, mas muito clara. Pude ver o corredor da cadeia. Consegui ver a pessoa que estava sendo solta de suas correntes, mas apenas a vi de trás, porém, sabia exatamente quem era. Entendi que Deus enviara um anjo para me acordar para que pudesse acompanhar aquele homem em oração enquanto era levado para sua execução. "Quem era eu para receber tal visão?", perguntei a Ele. Então, entendi que estava vendo a extensão do amor de Deus. Compreendi que as orações daquele prisioneiro e as minhas foram ouvidas, e que ele estava perdoado. Eu estava em lágrimas. Esse despertar não ocorreu com todos os prisioneiros, apenas com alguns.

Ogorodnikov interpretou isso como um sinal de que nem todos os prisioneiros pelos quais tinha orado eram sinceros em seu arrependimento. À medida que definhava no confinamento solitário, os despertares místicos continuavam, conforme uma força invisível o cutucava gentilmente para que acordasse. O mesmo tipo de visão desenrolava-se perante os olhos abertos do prisioneiro: a imagem de guardas levando um prisioneiro acorrentado para execução.

Depois de isso ter ocorrido algumas vezes, Ogorodnikov perguntava-se por que, durante aquelas visões em seu despertar, não lhe era permitido ver os rostos dos prisioneiros condenados. Não conseguiu penetrar tal mistério até que, posteriormente, em uma prisão diferente, entendeu seu significado por meio do que considerou uma revelação divina.

Naquela pequena prisão, Ogorodnikov era o único cativo, sendo supervisionado por um único guarda. Ficara óbvio que era um aposentado que deixaram fazer o turno da noite, pois sentia-se solitário.

Certa noite, entrou na cela de Ogorodnikov com o transtorno transparecendo em seu rosto. "Eles virão à noite", disse o velho homem ao prisioneiro. Palavras estranhas, mas Ogorodnikov compreendeu que o homem estava sendo levado à beira da insanidade por algo e que precisava fazer sua confissão. Solicitou que o senhor falasse. Foi isto que o atormentado guarda da prisão lhe disse:

> Quando era um jovem guarda em uma prisão diferente, juntaram cerca de vinte ou trinta padres que estavam atrás das grades e os levavam para fora. Amarraram eles a um trenó, para que os puxassem. Fizeram com que puxassem o trenó lá para a floresta. Foram forçados a correr o dia inteiro, até que chegaram a um pântano. Então, colocaram eles em duas fileiras, um atrás do outro. Eu era um dos guardas que estava no perímetro em torno dos prisioneiros.
>
> Um dos caras da KGB dirigiu-se ao primeiro padre. Perguntou a ele, de forma muito calma e silenciosa: "Existe um deus?" O padre respondeu que sim. Atiraram em sua testa de tal forma que seu cérebro cobriu o padre que estava em pé atrás dele. O guarda carregou calmamente sua pistola, chegou ao próximo padre e perguntou: "Deus existe?"
>
> "Sim, Ele existe." O homem da KGB atirou no padre da mesma forma. Não colocamos vendas neles. Viam tudo que estava prestes a acontecer.

Ogorodnikov tenta segurar as lágrimas à medida que chega ao final de sua história. Com a voz rachando pela emoção, o velho prisioneiro diz: "Nenhum daqueles padres negou a Cristo."

É por isso que aquele velho homem se ofereceu para fazer companhia a Ogorodnikov após o pôr do sol: porque as memórias dos rostos dos padres durante os momentos anteriores à sua execução o atormentavam. Aquele encontro com o quebrantado guarda da prisão fez com que Ogorodnikov entendesse o motivo pelo qual, em suas visões místicas, não conseguia ver os rostos dos condenados. Também seria levado à loucura pelo horror. Tinha que se contentar com o conhecimento de que, como estivera presente para compartilhar o Evangelho com eles, aquelas pobres almas, condenadas nesta vida, viveriam eternamente no paraíso.

Espere o Pior — E Seja Compassivo com os Quebrantados

A menos que tenhamos passado pela experiência, é difícil captar como a tortura e o confinamento solitário podem fazer com que alguém fique mentalmente frágil. Em *O Arquipélago Gulag*, Soljenítsin tenta convencer seus leitores a terem misericórdia dos prisioneiros que não suportaram a tortura. Praticamente todos eles se dobraram perante ela a certa altura, diz ele. A menos que a tenha aguentado, escreve ele, não é possível imaginar o tamanho da pressão para dizer qualquer coisa que fará com que a dor física e psicológica pare.

Durante sua vida como prisioneiro político na Romênia comunista, o falecido pastor luterano Richard Wurmbrand foi testemunha de ambas as verdades. A Romênia ocupada pelas tropas soviéticas no fim da Segunda Guerra Mundial era um país profundamente religioso. Após os stalinistas romenos terem tomado o controle ditatorial, em 1947, teve início uma das perseguições mais cruéis da história do estilo comunista soviético.

De 1949 a 1951, o Estado conduziu o "Experimento Pitesti". A prisão em Pitesti foi estabelecida como uma fábrica para reconstruir a alma humana. Seus mestres sujeitavam os presos políticos, incluindo os clérigos, a métodos insanos de tortura, para destruí-los psicologicamente de forma total, de modo que pudessem ser refeitos como cidadãos completamente obedientes à República Popular.

Wurmbrand, levado cativo desde 1948 até que foi resgatado e enviado ao exílio no Ocidente, em 1964, foi um interno de Pitesti. Em seu testemunho de 1966 perante uma comissão do senado dos EUA, ele falou sobre como os comunistas quebravam os ossos, usavam ferros em brasa e todas as outras formas de tortura física. Também eram espiritual e psicologicamente sádicos, quase além da compreensão. Wurmbrand contou a história de um jovem prisioneiro cristão em Pitesti que ficou amarrado a uma cruz por dias. Duas vezes a cada dia, a cruz baixava, de modo que o homem ficava deitado no chão, para que cem outros condenados fossem forçados pelos guardas a urinarem e a defecarem sobre ele.

> *Depois, erguiam a cruz novamente, e os comunistas, xingando e tirando sarro, diziam: "Vejam seu Cristo, vejam seu Cristo, como é lindo, adorem--No, ajoelhem-se perante Ele, vejam como está cheiroso, o seu Cristo." Então, chegou a manhã de domingo, e um padre católico, conhecido meu, recebeu, na sujeira de uma cela com cem prisioneiros, um prato com excrementos e outro com urina, e foi obrigado a rezar a Santa Missa sobre tais elementos, e foi o que fez.*

Wurmbrand perguntou ao padre como poderia consentir em cometer tal sacrilégio. O padre católico estava "meio louco", recorda Wurmbrand, e implorou a ele que tivesse misericórdia. Todos os outros prisioneiros apanharam até que recebessem aquela comunhão profana, enquanto os guardas comunistas zombavam deles.

Wurmbrand disse aos congressistas norte-americanos:

> *Sou um homem muito insignificante e pequeno. Estive na prisão com os fracos e com os sem importância, mas falo por um país que sofre e por uma igreja que sofre, pelos heróis e pelos santos do século XX. Tivemos tais santos em nossa prisão aos quais não ouso levantar meu olhar.*[7]

Após sua soltura, o pastor Wurmbrand devotou o restante de sua vida, até falecer, em 2001, a defender os cristãos perseguidos. "Nem todos somos chamados para morrermos como mártires", escreveu ele, "mas todos somos chamados para termos o mesmo espírito de autossacrifício e de amor até o fim de tudo, como aqueles mártires o fizeram".[8]

Permita que a Fraqueza dos Outros O Fortaleça

Acompanhar outras pessoas perseguidas em seu sofrimento pode nos levar a um profundo arrependimento e à força espiritual. Um dos colegas de prisão de Wurmbrand, em Pitesti, foi George Calciu, cristão ortodoxo e aluno de medicina que posteriormente foi ordenado padre. Em 1985, foi mandado ao exílio nos Estados Unidos, onde serviu em uma paróquia ao norte da Virgínia, até sua morte, em 2006.

Durante uma longa entrevista dada em 1996, o padre George contou sobre seu encontro com um colega prisioneiro chamado Constantine Oprisan. Conheceram-se quando Calciu foi transferido de Pitesti para Jilava, uma prisão que foi construída totalmente no subsolo. Os comunistas colocavam quatro presos em cada cela. Em sua cela, Oprisan estava mortalmente doente, com tuberculose. Desde o primeiro dia no cativeiro lá, Oprisan tossia e expelia fluídos dos pulmões.

> *O homem estava sufocado. Acho que um litro inteiro de catarro e sangue saiu, e meu estômago se revirou. Estava prestes a vomitar. Constantine Oprisan per-*

cebeu isso e me disse: "Perdoe-me." Fiquei tão envergonhado! Como era aluno de medicina, decidi cuidar dele e informei aos outros que cuidaria de Constantine. Ele não conseguia se mover, e eu fazia tudo por ele. Colocava-o no balde para urinar. Lavava seu corpo. Alimentava-o. Tínhamos uma bacia para a comida. Eu a pegava e a colocava em frente de sua boca.[9]

Constantine Oprisan — "ele era um santo", disse o padre George — estava tão fraco que mal podia falar. Mas cada palavra que dizia a seus colegas de cela era sobre Cristo. Ouvi-lo fazer suas orações diárias causava um efeito profundo nos outros três homens, da mesma forma que apenas observar a "inundação de amor em seu rosto".

Constantine Oprisan estava fisicamente em cacos porque fora terrivelmente torturado em Pitesti durante três anos, relata o padre George. Contudo, não amaldiçoava seus torturadores, e passava os dias em oração.

Ao mesmo tempo, não percebíamos o quão importante Constantine Oprisan era para nós. Era a justificação de nossa vida naquela cela. Após um ano, ficou cada vez mais fraco. Sentimos que terminara seu tempo aqui e que morreria.[10]

Após sua morte,

cada um sentiu que algo havia morrido em nós também. Compreendemos que, doente como estava e dependendo de nossos cuidados como uma criança, fora o pilar de nossa vida na cela.[11]

Após os colegas de cela lavarem seu corpo e o prepararem para o enterro, alertaram os guardas de que Constantine Oprisan estava morto. Os guardas deixaram os homens saírem da cela sem qualquer janela pela primeira vez em um ano. Depois, mandaram Calciu e outro homem levar o corpo para fora e enterrá-lo. Constantine Oprisan era só pele e osso; seus músculos desapareceram. Por algum motivo, a pele que estava colada ao seu esqueleto definhado tornara-se amarela.

> *Meu amigo pegou uma flor e a colocou sobre o peito do morto — era uma flor azul. O guarda começou a gritar conosco e nos forçou a voltarmos para a cela. Antes de entrarmos, viramo-nos e olhamos para Constantine Oprisan — seu corpo amarelo e aquela flor azul. Esta é a imagem que mantenho em minha memória: o corpo de Constantine completamente definhado e a flor azul em seu peito.*[12]

Relembrando-se desse drama quase meio século depois, o padre George disse que cuidar do incapaz Constantine Oprisan em seu último ano de vida revelou para ele "a luz de Deus".

> *Quando cuidei de Constantine na cela, fiquei muito feliz. E isso porque sentia sua espiritualidade penetrando minha alma. Aprendi com ele a ser bom, a perdoar, a não amaldiçoar seu torturador, a não considerar nada deste mundo como um tesouro para nós. Na verdade, ele estava vivendo em outro nível. Apenas seu corpo estava conosco — e seu amor. Consegue imaginar? Estávamos em uma cela sem janelas, sem ar, tudo úmido e imundo — e, contudo, tivemos momentos de felicidade que nunca alcançaríamos em liberdade. Não consigo explicar isso.*[13]

Em termos de teologia sacramental, um mistério é uma verdade que não pode ser explicada, apenas aceita. A demorada morte de Constantine Oprisan, que deu vida espiritual àqueles que o ajudaram a suportar seu sofrimento, é exatamente um mistério desse tipo. O prisioneiro ferido estava morrendo, mas como já tinha morrido para si mesmo em prol de Cristo, pôde ser um ícone para os outros — uma janela para a eternidade por meio da qual a luz divina passava para iluminar os outros homens na cela escura e imunda.

Um Cristianismo para os Dias por Vir

A fé dos mártires e dos confessores como os cristãos citados aqui é muito diferente da religião terapêutica dos subúrbios de classe média, das pregações a congregações politizadas da esquerda e da direita, e da mensagem de saúde e riqueza das igrejas do "evangelho da prosperidade". Essas e outras débeis formas de fé serão rapidamente exterminadas perante a perseguição mais leve. O pastor Wurmbrand escreveu certa vez que há dois tipos de cristãos: "Aqueles que sinceramente acreditam em Deus, e aqueles que, com a mesma sinceridade, acham que acreditam. Dá para saber qual é qual por suas ações em momentos decisivos."[14]

O tipo de cristãos que seremos nos momentos de provas depende do tipo de cristãos que somos hoje. E não podemos nos tornar o tipo de cristãos que precisamos ser em preparo à perseguição se não conhecermos histórias como essas e não as plantarmos em nosso coração.

Compartilhei alguns desses relatos com um amigo tcheco que deixou sua terra natal comunista rumo aos EUA quando tinha cerca de vinte anos. Esse tipo de história não é novidade para ele — e, mesmo assim, escreveu: "É difícil ler. É ainda mais difícil perceber que tudo isso foi praticamente esquecido, ou pior, nunca foi conhecido."

Veja, Julgue, Aja

Reconhecer o valor no sofrimento é redescobrir um ensinamento central do cristianismo histórico e ver claramente o caminho de peregrinação de cada geração de cristãos, desde os doze apóstolos. Não há nada mais importante do que isso para criar uma resistência cristã frente ao totalitarismo vindouro. Significa também declarar a si mesmo como um tipo de selvagem na cultura atual — mesmo dentro da cultura da igreja. É necessário nos colocarmos total e definitivamente contra muito do cristianismo popular, que se tornou um culto superficial de autoajuda cujo principal objetivo não é cultivar o discipulado, mas erradicar nossas ansiedades pessoais. Porém, recusarmo-nos a ver o sofrimento como um meio à santificação é entregarmo-nos, nas palavras fulminantes de Huxley, ao "cristianismo sem lágrimas".

Porém, como devemos julgar a forma certa de abordar o sofrimento? Infelizmente, não há uma fórmula clara. Como o padre Kirill Kaleda diz, não devemos sair por aí procurando-a. Até mesmo Cristo, no Getsêmani, orou pedindo que o cálice do sofrimento pudesse ser retirado dele, mas que fosse feita a vontade de Deus. A virtude da prudência é crucial, em parte para nos ajudar a discernirmos a diferença entre razão e racionalização. Todos preferimos que o cálice seja passado de nós, mas, caso nosso momento chegue, então teremos de estar prontos para tomar uma posição custosa.

Não saberemos como nos comportar quando a hora chegar se não nos prepararmos para aceitar a dor e a perda por causa do reino de Deus. A maioria das pessoas no Ocidente ainda não tem oportunidades para sofrer pela fé como os cristãos sob o comunismo tiveram, mas temos suas histórias para nos guiar, bem como os relatos do martírio cristão ao longo das épocas e ao redor do mundo todo. Familiarize-se com essas histórias e ensine-as a seus filhos. Elas são praticamente a essência da experiência vivida do cristianismo e formam uma parte fundamental da memória cultural cristã. Aprenda-as, para que saiba quando e como vivenciá-las.

Deus não deseja o mal, embora, como demonstrou em Sua Paixão, possa permitir o sofrimento para algum bem maior. Julgar precisamente se Ele está ou não nos chamando para compartilharmos de Sua Paixão em determinada instância exige que tenhamos fé de que nosso sofrimento terá um propósito, embora possa não estar claro para nós o tempo todo. Quando foi levado à prisão como um leigo, George Calciu foi tocado a uma profunda conversão pelo testemunho de padres que eram seus colegas de cela. Quando voltou à prisão, posteriormente, em sua vida, Calciu era padre e levou outros detentos a Cristo, o mesmo que acontecera com ele décadas antes. O ministério de Ogorodnikov levou homens condenados ao paraíso. Krcmery lançou a base da igreja da resistência. Soljenítsin emergiu da miséria angustiante do gulag como um homem temente a Deus cujo testemunho profético ao mundo ajudou a derrubar um império do mal.

Quando agimos — seja aceitando nosso próprio sofrimento, seja ajudando os outros em seus sofrimentos —, precisamos permitir que isso nos transforme, como transformou aqueles confessores sob o jugo comunista. Isso poderia nos tornar amargurados, raivosos e vingativos, ou poderia servir como um fogo purificador, como aconteceu com Soljenítsin, Calciu, Krcmery, Ogorodnikov e com tantos outros, purificando nosso amor por Deus e nossa torturada humanidade.

Nenhum cristão tem o poder de evitar totalmente o sofrimento. Faz parte da condição humana. O que podemos controlar é como agimos perante ele. Fugiremos dele traindo nosso Senhor? Ou o aceitaremos como uma severa misericórdia? As escolhas que faremos quando colocados sob a prova final dependem das que fazemos hoje, em momentos de paz. Foi isso que o padre Tomislav Kolakovic entendeu quando chegou à Tchecoslováquia e começou a preparar a igreja para a perseguição vindoura. Foi por isso que, quando a polícia secreta foi em busca de Silvester Krcmery, ele sabia como carregar aquela cruz como um verdadeiro cristão.

CONCLUSÃO

Não Viva uma Mentira!

"O padre Kolakovic previu o que estava por vir e preparou os cristãos para aquilo. Não duvide disso. Ele nos fala ainda hoje. Está dizendo-nos o que fazer."

DR. NICHOLAS BARTULICA, 92 anos,
emigrante croata e amigo de Kolakovic

Ese as respostas às perguntas sobre a vida que os jovens cristãos do mundo todo estão buscando não devam ser encontradas no Ocidente, mas no Oriente — nas histórias e nas vidas dos dissidentes cristãos? É isso que um jovem eslovaco aprendeu, para sua grande surpresa, quando começou a fazer pesquisas para um projeto a respeito dos cristãos perseguidos na era comunista.

Embora fosse criancinha quando a Revolução de Veludo encerrou o totalitarismo em seu país, Timo Krizka conhece os sofrimentos dos cristãos sob o comunismo melhor do que muitos. O bisavô do fotógrafo e cineasta de Bratislava, um padre católico grego, foi forçado a deixar seu ministério na década de 1950 por recusar as ordens do governo para converter-se à Igreja Ortodoxa, que, naquela época, estava sob o controle soviético. Esse religioso, o padre Michal Durisin, escolheu uma vida de sofrimento para si mesmo e para sua família em vez de manchar sua consciência.

Muitos anos atrás, Krizka planejava honrar o sacrifício de seu ancestral ao entrevistar e fotografar os sobreviventes da perseguição comunista de Slovak que ainda estavam vivos, incluindo membros originais da fraternidade do padre Kolakovic, a Família. Conforme percorria seu país, Krizka ficou abalado não pelas histórias de sofrimento que ouviu — as quais já esperava —, mas pela intensa paz interior que irradiava daqueles fiéis idosos.

Aqueles homens e mulheres tinham praticamente a idade de Krizka quando tudo lhes foi tirado, exceto sua fé em Deus. E, mesmo assim, repetidas vezes, contaram a seu jovem visitante que, na prisão, encontraram a libertação interior por meio do sofrimento. Um cristão, forçado a separar-se da esposa e dos cinco filhos e lançado em um confinamento solitário, testemunhou que houve momentos que eram "como o paraíso". "Parecia que, quanto menos conseguiam mudar o mundo ao seu redor, mais fortes ficavam", revela Krizka. "Aquelas pessoas mudaram completamente minha percepção de liberdade. Meu projeto deixou de buscar vítimas, passando a encontrar heróis. Parei de construir um monumento ao passado injusto e comecei a buscar uma mensagem para nós, o povo livre."

A mensagem que descobriu foi a seguinte: o ideal liberal secular de liberdade, tão popular no Ocidente e entre muitos de sua geração pós-comunista, é uma mentira. Quer dizer, o conceito de que a liberdade real é encontrada por meio da liberação do Eu de todos os compromissos vinculantes (para com Deus, o casamento e a família) e pelos confortos mundanos cada vez maiores — essa é uma estrada que nos leva ao inferno. Krizka observou que a única força na sociedade que permanecia bem no meio daquela estrada larga, gritando "Pare!", eram as igrejas cristãs tradicionais.

E, então, ele compreendeu.

"Com nossos olhos fixados intensamente no Ocidente, pudemos ver como estavam começando a experienciar as mesmas coisas que conhecíamos da época do totalitarismo", contou-me ele. "Mais uma vez, estão dizendo-nos que os valores cristãos estão impedindo as pessoas de terem uma vida melhor. A história já nos mostrou até onde esse tipo de coisa pode ir. Também sabemos o que fazer agora, em termos de tomar decisões de vida."

A partir de suas entrevistas com ex-prisioneiros cristãos, Krizka também aprendeu algo importante sobre si mesmo. Sempre achara que o sofrimento era algo a ser evitado. Contudo, nunca entendia por que, conforma mais livre ficava sua vida profissional e pessoal, sua felicidade parecia não aumentar na mesma proporção. Sua geração foi a primeira, desde a Segunda Guerra Mundial, a conhecer a liberdade — assim, por que estava ansioso e nunca ficava satisfeito?

Aqueles encontros com os dissidentes idosos revelaram uma verdade vivificante a ele em sua busca. Era a mesma verdade que custou a Alexander Soljenítsin um passeio pelo inferno do gulag soviético.

"Aceitar o sofrimento é o princípio da nossa libertação", afirma ele. "O sofrimento pode ser a fonte de uma grande força. Ele nos dá o poder de resistirmos. É uma dádiva de Deus que nos convida à mudança, para começarmos uma revolução contra a opressão. Mas, para mim, o opressor não era mais o regime comunista totalitário. Nem mesmo o Estado liberal progressista. Conhecer aqueles heróis escondidos deu início a uma revolução contra o principal governante totalitário de todos: eu mesmo."

Krizka descobriu uma verdade sutil, mas extremamente importante: que nós mesmos somos os governantes de nossas consciências. O totalitarismo duro depende de aterrorizar nossas consciências livres; o totalitarismo brando usa o medo também, mas, em grande parte, enfeitiça-nos com promessas terapêuticas de entretenimento, prazer e conforto — incluindo, na expressão do grande ditador de Huxley, Mustafá Mond, "o cristianismo sem lágrimas".

Porém, a verdade não pode ser separada das lágrimas. Viver em verdade exige aceitarmos o sofrimento. Em *Admirável Mundo Novo*, Mond apela a João, o Selvagem, para deixar sua vida selvagem na floresta e retornar aos confortos da civilização. O profético selvagem recusa a tentação.

> "Mas eu não quero conforto. Quero Deus, quero a poesia, quero o autêntico perigo, quero a liberdade, quero a bondade, quero o pecado."
>
> "Em suma", disse Mustafá Mond, "você reclama o direito de ser infeliz".
>
> "Pois bem, assim seja!", respondeu o Selvagem em tom de desafio. "Reclamo o direito de ser infeliz."

Tal é o custo da liberdade. Esse é o significado de viver em verdade. Não há outro caminho. Não há escape das dificuldades. O preço da liberdade é a eterna vigilância — antes de mais nada, dos nossos próprios corações.

Os Sabotadores de Deus

"A história moderna ensina-nos que a luta pela liberdade está sempre conosco", diz Marek Benda, que lutou contra o regime comunista quando era adolescente, com os pais. "Uma única geração sempre permanece entre nós e a tirania. Muitas pessoas podem olhar para trás e ver as lições da história, mas estão totalmente cegas ao perigo de que essas mesmas coisas estão acontecendo agora."

Espero que a leitura dos testemunhos de homens e mulheres neste livro tenha feito com que as escamas caiam de nossos olhos. Porém, como o padre Tomislav Kolakovic ensinou a seus discípulos conforme a sombra do totalitarismo soviético começava a passar por cima de sua terra, ver é apenas o primeiro passo. Pense no que você vê. Junte-se a outras pessoas e conversem sobre o que todos estão vendo. Analise os fatos e comece a discernir como sua fé e suas convicções morais devem ser aplicadas concretamente à situação.

Depois, aja — enquanto ainda há tempo. Nas palavras de C.S. Lewis, o mundo é "um território ocupado pelo inimigo" para o cristão. "O cristianismo é a história de como o rei justo tomou posse, talvez, digamos, disfarçadamente, e está chamando a todos nós para que participemos de uma grande campanha de sabotagem." A guerra cultural está, em grande parte, terminada — e a perdemos. A Grande Marcha é, por ora, um desfile de vitória. Mas, então, assim o foram as marchas do Dia do Trabalhador e os desfiles em todas as cidades do extinto Império Soviético.

A Mordor marxista era real, mas a fé daqueles que resistiram foi mais duradoura, porque o totalitarismo duro encontrou algo ainda mais duro: a verdade. Em nossa época, o totalitarismo emergente é mais brando, mais inteligente e mais sofisticado — mas não é menos totalitário por causa disso. Lubomir Gleiman, que ouviu as palestras do padre Kolakovic em Bratislava no ano de 1943, escreveu em sua autobiografia publicada em 2006 que Kolakovic acreditava que o comunismo "era mais implacável do que totalitarismo 'brando' secularizado do Ocidente", e que era, portanto, a maior ameaça ao cristianismo naquela época. Porém, como descoberto por Timo Krizka, filho da primeira geração da liberdade pós-soviética, o totalitarismo que o padre Kolakovic identificou como brando ainda existe. Como seu brutal irmão mais velho, é desenvolvido sobre a mais antiga das mentiras, aquela sussurrada pela serpente no Jardim, o pai de todas as mentiras: "Sereis como Deus."

Nossa causa parece perdida... mas ainda estamos aqui! Agora, nossa missão é criar a resistência à ocupação, manter viva a memória de quem fomos e de quem somos, e avivar o fogo do desejo pelo verdadeiro Deus. Onde há memória e desejo, há esperança. Que todos os sabotadores do Reino de Deus se atentem à comovente conclusão de Alexander Soljenítsin, em seu ensaio de 1974, "Não Viva uma Mentira!", que deu o título a este livro. Foi sua despedida do povo russo:

> *E, portanto: não precisamos ser os primeiros a iniciar por este caminho, apenas juntar-nos aos que lá estão!... Quanto mais pessoas forem por ele, em maior número estaremos, e mais fácil e curto será tal caminho para todos nós! Se chegarmos aos milhares — eles não vão dar conta, não conseguirão nos tocar. Se crescermos às dezenas de milhares — não reconheceremos nosso país!*
>
> *Porém, se recuarmos, então pararemos de reclamar que não nos deixam nem respirar — nós somos os culpados! Que então nos curvemos e nos preparemos, enquanto nossos camaradas, os biólogos, tragam para mais perto a realidade quando nossos pensamentos poderão ser lidos e nossos genes, alterados.*

E se, mesmo diante disso, recuarmos, então não valemos nada, não temos esperança, e é a nós que Pushkin se refere quando pergunta, com escárnio:

Por que os rebanhos devem ter o presente da liberdade?

... Seu legado, de geração em geração, é o jugo do sino e o do chicote.

Notas

Introdução

1. Alexander Soljenítsin, *The Gulag Archipelago 1918–1956* (Condensado) (Nova York: Perennial, 1983), tradução de Thomas P. Whitney e Harry Willetts; versão condensada feita por Edward E. Ericson, Jr. A citação é da introdução do autor para a versão condensada [em uma página não numerada].

    *Obra disponível em português com o título O Arquipélago Gulag. As páginas informadas nas notas são da edição digital em português de 1976, com tradução de Francisco A. Ferreira, Maria M. Llistó e José A. Seabra, da Editora Rio de Janeiro.

2. "In New Biography, Pope Benedict XVI Laments Modern 'Anti-Christian Creed'", National Catholic Register, 4 de maio de 2020 https://www.ncregister.com/daily-news/in-new-biography-pope-benedict-xvi-laments-modern-anti-christian-creed.

3. Soljenítsin, "Live Not By Lies!", em *The Solzhenitsyn Reader,* editores Edward E. Ericson, Jr. e Daniel J. Mahoney (Wilmington, DE: ISI Books, 2008), 558.

Capítulo 1

1. Vaclav Vasko, "Professor Kolakovic: Myths And Reality", *Impulz*, Edição 3 (2006), tradução do Google. http://www.impulzrevue.sk/article.php?135.

2. Hannah Arendt, *The Origins of Totalitarianism* (Nova York: Harcourt, 1973), *viii* *Obra disponível em português com o título *Origens do Totalitarismo*. As páginas informadas nas notas são da edição digital em português de 2003, com tradução de Roberto Raposo, da Editora Companhia de Bolso, São Paulo. [Página 7 na obra em português].

3. Czeslaw Milosz, *The Captive Mind* (Nova York: Vintage, 1990), 6.

4. Rene Girard, *I Saw Satan Fall Like Lightning* (Nova York: Orbis, 2001), tradução de James G. Williams. 179.

5. George Orwell, *Nineteen Eighty-Four* (Nova York: Houghton Mifflin Harcourt, 1983), 62. *Obra disponível em português com o título *1984*. As páginas informadas nas notas são da edição digital em português de 2009, com tradução de Alexandre Hubner e Hloisa Jahn, da Editora Companhia das Letras, São Paulo. [Página 84 na obra em português].

6. Ibid., 62. [Página 84 na obra em português].

7. Milosz, 5.

8. Milosz, 73.

9. Soljenítsin, "Live Not By Lies!", em *The Solzhenitsyn Reader*, edição Edward E. Ericson, Jr., e Daniel J. Mahoney (Wilmington, DE: ISI Books, 2008), 556.

10. Ibid., 559.

Capítulo 2

1. Nadine Gordimer, *Telling Times: Writing and Living, 1950–2008* (Londres: Bloomsbury, 2010), 474.

2. Alexander Soljenítsin, *The Gulag Archipelago 1918–1956* (Condensado) (Nova York: Perennial, 1983), tradução de Thomas P. Whitney e Harry Willetts; condensado por Edward E. Ericson, Jr., 39. [Página 95 na obra em português].

3. Yuri Slezkine, *The House Of Government* (Princeton: Princeton University Press, 2019), 36–37.

4. Ibid., 40.

5. Anne Applebaum, *Iron Curtain: The Crushing of Eastern Europe*, 1944-1956 (Nova York: Anchor, 2013), 392.

6. Hannah Arendt, *The Origins of Totalitarianism*, (Nova York: Harcourt, 1973), 478. [Página 408 na obra em português].

7. Ibid., 317. [Páginas 284 e 285 na obra em português].

8. Yascha Mounk, @Yascha_Mounk, 10h59, 13 de setembro de 2019.

9. Arendt, 330. [Página 295 na obra em português].

10. Ibid., 332. [Página 296 na obra em português].

11. James H. Billington, *The Icon And The Axe: An Interpretive History of Russian Culture* (Nova York: Vintage, 1970), 492.

12. Ibid., 502.

13. Heda Margolius Kovaly, *Under A Cruel Star: A Life In Prague 1941–1968* (Lexington, Mass.: Plunkett Lake Press, 2010). Edição Kindle. Página 11, posição 201].

14. Arendt, 333. [Páginas 296 e 297 na obra em português].

15. *The New York Times*, 20 de dezembro de 2019.

16. "Nikole Hannah-Jones Wins Pulitzer Prize for 1619 Project", Pulitzercenter.org, 4 de maio de 2019. https://pulitzercenter.org/blog/nikole-hannah-jones-wins-pulitzer-prize-1619-project.

17. Arendt, 353. [Páginas 312 e 313 na obra em português].

18. Zack Goldberg, @zachg932, 1:32 PM, 28 de maio de 2019.

19. Arendt, 351. [Página 310 na obra em português].

20. N.V. Krylenko, quoted in Robert Conquest, *The Great Terror: A Reassessment* (Nova York: Oxford University Press, 1990), 249.

21. Arendt, 339. [Página 302 na obra em português].

22. Michael Kruse, "I Need Loyalty", Politico, 3 de março de 2018. https://www.politico.com/magazine/story/2018/03/06/donald-trump-loyalty-staff-217227.

23. James Davison Hunter, *To Change The World* (Nova York: Oxford University Press, 2010), 38.

24. Ibid., 41.

25. Czeslaw Milosz, *The Captive Mind* (Nova York: Vintage, 1990), 3.

26. Silvester Krcmery, M.D., *This Saved Us: How To Survive Brainwashing*, (Publicação independente, 1996), 222.

27. Arendt, 440. [Páginas 373 e 374 na obra em português].

Capítulo 3

1. Milan Kundera, *The Book of Laughter and Forgetting* (Nova York: Viking, 1987), tradução de Michael Henry Heim, 179.

2. James H. Billington, *The Icon And The Axe: An Interpretive History of Russian Culture* (Nova York: Vintage, 1970), 504.

3. Milan Kundera, *The Unbearable Lightness of Being*, (Nova York: Harper & Row, 1984), tradução de Michael Henry Heim, 257. *Obra disponível em português com o título *A Insustentável Leveza do Ser*. As páginas informadas nas notas são da edição digital em português de 2011, da Editora Leya, Lisboa. [Página 198 na obra em português].

4. Yuri Slezkine, *The House Of Government* (Princeton: Princeton University Press, 2019), 107.

5. "Bush: No Justice Without Freedom", CNN, 20 de janeiro de 2005. https://www.cnn.com/2005/ALLPOLITICS/01/20/bush.transcript/index.html.

6. John Gray, *Gray's Anatomy: Selected Writings* (Londres: Allen Lane, 2009), 273.

7. Slezkine, 54.

8. Martin Latsis, quoted in Anna Geifman, *Death Orders: The Vanguard of Modern Terrorism in Revolutionary Russia* (Santa Barbara, Califórnia: Praeger, 2010), 126.

9. James A. Lindsay e Mike Nayna, "Postmodern Religion and the Faith of Social Justice", *Areo*, 18 de dezembro de 2018. https://areomagazine.com/2018/12/18/postmodern-religion-and-the-faith-of-social-justice/.

10. Michael Hanby, "The Brave New World of Same-Sex Marriage", *The Federalist*, 19 de fevereiro de 2014. https://thefederalist.com/2014/02/19/the-brave-new-world-of-same-sex-marriage/.

11. John Paul II, *Dominum et Vivificantem*, 18 de maio de 1986, Para. 38.

Capítulo 4

1. Parag Khanna, "These 25 Companies Are More Powerful Than Many Countries", *Foreign Policy*, 3 de março de 2016. https://foreignpolicy.com/2016/03/15/these-25-companies-are-more-powerful-than-many-countries-multinational-corporate-wealth-power/.

2. Heather Mac Donald, *The Diversity Delusion* (Nova York: St. Martin's Press, 2018), 30.

3. Larry Fink, https://www.blackrock.com/corporate/investor-relations/2018-larry-fink-ceo-letter?utm_source=link_wwwv9&utm_campaign=item_257786&utm_medium=copy.

4. Sarah Perez, "Over A Quarter Of US Adults Now Own A Smart Speaker, Typically An Amazon Echo", Tech Church, 8 de março de 2019 https://techcrunch.com/2019/03/08/over-a-quarter-of-u-s-adults-now-own-a-smart-speaker--typically-an-amazon-echo/.

5. Shoshanna Zuboff, citado em 'The goal is to automate us': Welcome to the age of surveillance capitalism', *The Guardian,* 20 de janeiro de 2019. https://www.theguardian.com/technology/2019/jan/20/shoshana-zuboff-age-of-surveillance-capitalism-google-facebook.

6. Caleb Parke, "Conservatives call for PayPal boycott after CEO says Southern Poverty Law Center helps ban users", *Fox News*, 28 de fevereiro de 2019. https://www.foxnews.com/tech/conservatives-call-for-paypal-boycott-after-ceo-admits-splc-helps-ban-users.

7. Michelle Malkin, "Is This Bank Chasing Away Conservatives?", *National Review Online*, 15 de abril de 2019. https://www.nationalreview.com/2019/04/chase-bank-conservative-customers/.

8. Katanga Johnson, "U.S. Gun lobby takes aim at 'gun-hating' banks Citi, BofA", Reuters, 18 de maio de 2018. https://www.reuters.com/article/us-usa-guns-banks/u-s-gun-lobby-takes-aim-at-gun-hating-banks-citi-bofa-idUSKCN1IJ260.

9. Shoshanna Zuboff, *The Age Of Surveillance Capitalism*, (Nova York: Public Affairs, 2019). Edição Kindle, posição 5421.

10. Douglas Murray, *The Madness Of Crowds*: *Gender, Race and Identity* (Nova York: Bloomsbury Continuum, 2019). Edição Kindle, posição 2155.

11. Edward Snowden, *Permanent Record* (Nova York: Metropolitan Books, 2019), 178.

12. Matt Sledge, *"CIA's Gus Hunt on Big Data: We 'Try To Collect Everything And Hang Onto It Forever"*, Huffington Post, 20 de março de 2013. https://www.huffingtonpost.com.au/entry/cia-gus-hunt-big-data_n_2917842?ir=-Australia.

13. Editorial, "How China corralled 1 million Uighurs into concentration camps", *Washington Post*, 29 de fevereiro de 2020. https://www.washingtonpost.com/opinions/global-opinions/a-spreadsheet-of-those-in-hell-how-china-corralled-uighurs-into-concentration-camps/2020/02/28/4daeca4a-58c8-11ea-ab68-101ecfec2532_story.html.

14. John Lanchester, "Document Number Nine", *London Review of Books*, Vol. 41, Nº 19, 10 de outubro de 2019. https://www.lrb.co.uk/the-paper/v41/n19/john-lanchester/document-number-nine.

15. Kai Strittmatter, *We Have Been Harmonised: Life In China's Surveillance State* (Londres: Old Street Publishing, 2019), tradução de Ruth Martin. Edição Kindle, posição 1213.

16. Ibid., posição 1224.

17. Milan Kundera, *The Unbearable Lightness of Being*, (Nova York: Harper & Row, 1984), tradução de Michael Henry Heim, 112–113. [Página 86 na obra em português].

18. Jean Twenge, "Have Smartphones Destroyed A Generation?", *The Atlantic*, setembro de 2017. https://www.theatlantic.com/magazine/archive/2017/09/has-the-smartphone-destroyed-a-generation/534198/.

Capítulo 5

1. Vaclav Havel, citado em Vaclav Havel et al., *The Power of the Powerless* (Armonk, Nova York: M.E. Sharpe, Inc., 1992), Tradução de Paul Wilson, 39.

2. Ibid., 39-40.

3. Ibid., 45.

Capítulo 6

1. Pesquisa de 2019 da Victims of Communism Memorial Foundation, 18 de outubro de 2019, https://www.victimsofcommunism.org/2019-annual-poll.

2. Laura M. Nicolae, "100 Years. 100 Million Lives. Think Twice". *Harvard Crimson*, 20 de novembro de 2017. https://www.thecrimson.com/article/2017/11/20/nicolae-one-hundred-million/.

3. Milan Kundera, *The Book of Laughter and Forgetting* (Nova York: Viking, 1987), tradução de Michael Henry Heim, 187.

4. Paul Connerton, *How Societies Remember*, Cambridge: Cambridge University Press, 1989), 3.

5. Leszek Kolakowski, *Is God Happy? Selected Essays* (Nova York: Penguin Classics, 2012), 60.

6. Cardinal Joseph Ratzinger, "Homily Pro Eligendo Pontifice", 18 de abril de 2005. http://www.vatican.va/gpII/documents/homily-pro-eligendo-pontifice_20050418_en.html.

7. Connerton, p#.

8. Orlando Figes, citado em Oliver Bullough, *The Last Man In Russia* (Nova York: Basic Books, 2013). Edição Kindle, posição 788.

9. Vaclav Benda, *The Long Night of the Watchman: Essays By Vaclav Benda, 1977–1989*, editado por F. Flagg Taylor IV, Tradução de Barbara Day, (South Bend, Indiana: St. Augustine's Press, 2017), 218.

10. Roger Scruton, *Notes From Underground*, (Nova York: Beaufort Books, 2014). Edição Kindle, posição 760.

Capítulo 7

1. Vaclav Benda, *The Long Night of the Watchman: Essays By Vaclav Benda, 1977–1989*, editado por F. Flagg Taylor IV, Tradução de Barbara Day, (South

Bend, Indiana: St. Augustine's Press, 2017), 222–232.

2. Ibid., 225.

3. Ibid., 225–226.

4. Ibid., 226.

5. Ibid., 228.

Capítulo 8

1. Silvester Krcmery, M.D., *This Saved Us: How To Survive Brainwashing*, (Publicação independente, 1996), 81.

2. Ibid., 100.

3. Bullough, *The Last Man In Russia* (Nova York: Basic Books, 2013). Edição Kindle, posição 1594.

4. Calciu, *Interviews, Homilies, and Talks* (Platina, Califórnia: St. Herman of Alaska Brotherhood, 2010), 187.

Capítulo 9

1. Alexander Soljenítsin, *The Gulag Archipelago 1918–1956* (Condensado) (Nova York: Perennial, 1983), tradução de Thomas P. Whitney e Harry Willetts; versão condensada feita por Edward E. Ericson, Jr., 86. [Página 174 na obra em português].

Capítulo 10

1. Carrie Dann, "'A deep and boiling anger': NBC/WSJ Poll finds a pessimistic America despite current economic satisfaction", NBCNews.com, 25 de agos-

to de 2019. https://www.nbcnews.com/politics/meet-the-press/deep-boiling-anger-nbc-wsj-poll-finds-pessimistic-america-despite-n1045916.

2. Soren Kierkegaard, citado em *Provocations: Spiritual Writings Of Kierkegaard* (Farmington, Pennsylvania: Plough Publishing, 1999), 85.

3. Ibid., 88.

4. Silvester Krcmery, M.D., *This Saved Us: How To Survive Brainwashing*, (Publicação independente, 1996), 56.

5. Ibid., 163.

6. Alexander Soljenítsin, *The Gulag Archipelago 1918-1956* (Condensado) (Nova York: Perennial, 1983), tradução de Thomas P. Whitney e Harry Willetts; versão condensada por Edward E. Ericson, Jr., 86, [TK].

7. Richard Wurmbrand, a partir da transcrição oficial de seu depoimento perante o Senado dos EUA em 6 de maio de 1966, acesso via Joseph Smith Foundation. https://josephsmithfoundation.org/testimony-of-rev-richard-wurmbrand-before-the-u-s-senate-1966-communist-exploitation-of-religion/.

8. Wurmbrand, US Senate.

9. Wurmbrand, *The Midnight Bride* (Bartlesville, Oklahoma: Living Sacrifice Book Company, 2009). Edição Kindle, posição 713.

10. George Calciu, *Interviews, Homilies, and Talks* (Platina, Califórnia: St. Herman of Alaska Brotherhood, 2010), 109.

11. Ibid., 110.

12. Ibid., 111.

13. Ibid., 112.

14. Ibid., 131.

15. Richard Wurmbrand, *In God's Underground* (Bartlesville, OK: Living Sacrifice Book Company, 2004). Edição Kindle, posição 661.

Conclusão

1. Aldous Huxley, *Brave New World*, Capítulo 17. Domínio Público – Capítulo 17: https://www.huxley.net/bnw/seventeen.html [Obra disponível em português com o título *Admirável Mundo Novo*].

2. Lubomir Gleiman, *From The Maelstrom: A Pilgrim's Story of Dissent And Survival In The Twentieth Century* (Bloomington, IN: Author House, 2011), 103.

3. Alexander Soljenítsin, "Live Not By Lies!", em *The Solzhenitsyn Reader*, ed. Edward E. Ericson, Jr., e Daniel J. Mahoney (Wilmington, DE: ISI Books, 2008), 560.

Índice

A

Alexander Ogorodnikov 196
Alexander Soljenítsin vi
Anne Applebaum 28
ansiedade social 93
anticultura 12
autorrealização 186
autossacrifício 202

B

Barack Obama 50–53
Bento XVI, papa 118
Big Data 11
bolchevique 22–46

C

capitalismo 75–95

    de vigilância 77–80

        tecnologia 80

    woke 75

Carta 77 143
China 85–88

    sistema de crédito social 87

comunidade moral ideologicamente motivada 60
comunismo 9–20

    ditaduras 28
    e cristianismo 55
    Europa Central 27
    mentiras 14–20
    nas universidades 114

crimes de pensamento 57
cristianismo

    atual 54
    sem lágrimas 205

cultistas 42
cultura

    do cancelamento 39
    do smartphone 93
    terapêutica 13

Czeslaw Milosz 9

D

Deísmo Moralista Terapêutico 13
democracia liberal 51
Deng Xiaoping 85
dissidente cristão 19

ditadura do pensamento e da palavra 109
Dmitry Dudko 158
Donald Trump 39
doutrinas 58
duplipensamento 105–107

E

ecossistema social 134
Edward Snowden 83
Émile Durkheim 33
Eslováquia

    Igreja Católica 5
    igreja clandestina 6
    regime comunista 6
    Tomislav Kolakovic 3–20

        comunismo 4

esquecimento 115
Estado Policial Rosa 11
Estado totalitário 8

    sujeito ideal 8

evangelho da prosperidade 204

F

família tradicional 134
felicidade pessoal 12
filisteus 55

G

George Orwell 14
George W. Bush 50–53
Guerra Cultural 13
Guerra Fria 13
Guerreiros da Justiça Social (GJS) 41

H

Hannah Arendt 7

    Origens do Totalitarismo, livro 30

I

identidade de grupo 61
ideologias 37–38
infelicidade 186
influência

    empresas 73

instituições, confiança nas 32
intelectuais 40–43
interseccionalidade 62

J

James A. Lindsay 60
James Billington 34
James Davison Hunter 40
James Poulos 11
João Paulo II, papa 119
jocistas 5
John Stuart Mill 52
justiça social 10

    e cristianismo 63

K

Karl Marx 24
ketman 16–18

L

lealdade 38–40
liberalismo 177–179

    clássico 50
    europeu 24
    moderno 32

liberdade 95

    custo 212

linguagem 62

M

mães e pais 150
Manifestação das Velas 6

Bratislava 173

marxismo 23

    Primeira Guerra Mundial 27

materialismo

    desilusão 158

megacorporações globais 73

memórias 115–119

    coletivas 116
    culturais 116
    e cristianismo 129

mídia 37

minorias sociais 117

monitoramento

    Alemanha Oriental 70–71

monopólio da informação 117

Movimento pelos Direitos Civis 67

mulher

    dificuldades 185

P

pequenos grupo 175–176
personalidade das redes sociais 71
Philip Rieff 11
poder 60
pólis paralela 123–125
politicamente correto 8
politização 38
positivismo 52
Primeira Guerra Mundial 5
privacidade 76–95

    conveniência 77

progresso 48–68

    e modernidade 50
    e tecnologia 52
    mito 48
    religiosidade 54

Projeto 1619

    New York Times 35–36

propaganda 35–37

R

racionalização 110
realismo 135
reconhecimento facial 87
redes sociais

    violações dos termos de uso 80

relações honestas 178
religião 12
religião terapêutica 204
René Girard 10
responsabilidade social corporativa 73
Revolução

    do Veludo 6
    Sexual 13

revolução cultural 9
Robert Putnam 30
Roger Scruton 56

    politicamente correto 56

Romênia 200
Rússia 22–46

    instabilidade econômica 26
    perseguição 108
    Revolução de 1905 26

S

saúde mental 93
Silvester Krcmery 154–157
smart speakers 69
sofrimento 187–208

    valor 205

solidão 30
sonho americano 53

T

Tchecoslováquia 99
tecnologias avançadas de vigilância 11
tortura 201
totalitarismo
    atualmente 7
    brando 10–20

        família 150–151

    condições 30–38
    de esquerda 9
    e autoritarismo 7
    e família 132
    soviético 8

transgenerismo 13
    ativistas 42
    saúde 40
transgressão 33–34

V

Vaclav Benda 132–152
Vaclav Havel 99–102
Vale do Silício 82
vidas de Instagram 93
Vox, partido populista espanhol 83

Y

Yascha Mounk 33
Yuri Slezkine 25

Projetos corporativos e edições personalizadas
dentro da sua estratégia de negócio. Já pensou nisso?

Coordenação de Eventos
Viviane Paiva
viviane@altabooks.com.br

Assistente Comercial
Fillipe Amorim
vendas.corporativas@altabooks.com.br

A Alta Books tem criado experiências incríveis no meio corporativo. Com a crescente implementação da educação corporativa nas empresas, o livro entra como uma importante fonte de conhecimento. Com atendimento personalizado, conseguimos identificar as principais necessidades, e criar uma seleção de livros que podem ser utilizados de diversas maneiras, como por exemplo, para fortalecer relacionamento com suas equipes/ seus clientes. Você já utilizou o livro para alguma ação estratégica na sua empresa?

Entre em contato com nosso time para entender melhor as possibilidades de personalização e incentivo ao desenvolvimento pessoal e profissional.

PUBLIQUE SEU LIVRO

Publique seu livro com a Alta Books.
Para mais informações envie um e-mail para: autoria@altabooks.com.br

 /altabooks   /alta-books   /altabooks   /altabooks

CONHEÇA OUTROS LIVROS DA **ALTA BOOKS**

Todas as imagens são meramente ilustrativas.

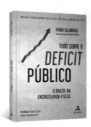 

Este livro foi impresso nas oficinas gráficas da Editora Vozes Ltda.,
Rua Frei Luís, 100 – Petrópolis, RJ.